ARD Buffet

REGIONALE GENÜSSE

Die besten Rezepte der ARD-Buffet-Köchinnen und Köche, präsentiert von Sybille Schönberger und Vincent Klink

FOTOGRAFIE: WOLFGANG SCHARDT

INHALT

71

WARUM IN DIE FERNE SCHWEIFEN, WENN DAS GUTE LIEGT SO NAH ...

Schon als Kind verbrachte ich am liebsten meine Zeit mit meinen Freundinnen auf den nahe gelegenen Bauernhöfen. So entstand meine Vorliebe für regionale und saisonale Produkte. Frischer und nachhaltiger geht es kaum. Wir haben eine riesige – leider in Vergessenheit geratene – Vielfalt an heimischen Lebensmitteln, die wiederentdeckt werden will!

Von Heimat reden viele und die Unterschiede sind enorm. Für mich gestaltet sich der Begriff hauptsächlich in zwei Erkenntnissen: Zum einen ist es der Dialekt, die Art der Menschen um mich herum, zum anderen die Küche meiner Mutter, die Küche des Schwabenlandes. Seit meiner Kindheit hat sie sich ständig weiterentwickelt, aber das Grundrauschen blieb.
Oft glaubte ich, dass mich die Beschränkung auf einheimische Produkte auch kreativ eingrenzen würde. Ich habe viel darüber nachgedacht und muss sagen: »Denken hilft!« Exquisite Küche braucht ebensolche Lebensmittel und wenn mir nichts einfiel, dann musste es ein Produkt aus fernen Landen sein. Wenn man aber bedenkt, dass ein jahrzehntealtes Profi-Küchenlexikon alleine an die zweihundert Kartoffelgerichte bereithält, leuchtet ein, dass die Vielfalt unserer Gärten, des Bodens und der Viehställe unzählige Möglichkeiten bietet, wenn man sich intensiv damit beschäftigt.

HINTER DEN KULISSEN

Sternekoch der ersten Stunden: Das ARD-Buffet ging im Januar 1998 auf Sendung, Vincent Klink war von Beginn an sehr erfolgreich dabei.

Sybille Schönberger ist neu im Team. Seit März 2020 kocht die einst jüngste Sterneköchin Deutschlands regelmäßig beim ARD-Buffet.

Immer gut gelaunt und mit einem Lächeln – so präsentiert Sybille Schönberger ihre ebenso kreativen wie köstlichen Gerichte im ARD-Buffet-Studio in Baden-Baden.

Mit Charme und Humor, genialen Rezepten und klugen Gedanken begeistert Vincent Klink seit Jahren die Zuschauer.

Gute Stimmung: Auch Moderatorin Fatma Mittler-Solak freut sich über Sybille Schönbergers Kreationen.

GEMÜSE

Von Spargel mit Brennnesselspinat und Buttersauce über Erbsen-Gazpacho bis zu Grünkohlsalat mit Zitrusfrüchten und Kabeljau: Spannend und abwechslungsreich setzen die Köchinnen und Köche vom ARD-Buffet regionale Gemüse-Genüsse rund ums Jahr in Szene – bunt und gesund!

Spargel

Ich lebe in einer der Spargelregionen in Hessen und habe das Glück zur Spargelzeit dieses wunderbare Gemüse direkt frisch vom Bauern zu bekommen.
Kaum ein anderes Gemüse wird so traditionell zubereitet wie der Spargel. Doch gerade hier lohnt es sich, mit den Traditionen einmal zu brechen.
Das königliche Gemüse schmeckt roh als Salat einfach nur mit einem milden Essig und einem feinen Öl mariniert ganz köstlich. Auch in der Pfanne gebraten ist es ein Traum. Dabei dürfen die Stangen etwas Farbe bekommen und ruhig mutig mit Knoblauch und Thymian gewürzt werden. Spargel eignet sich auch zum Grillen. Entweder marinieren und in Folie verpacken oder einfach so auf den Rost legen und garen.
Eines haben alle Gerichte vom weißen Spargel gemeinsam: Die Stangen sollten vor dem Zubereiten sorgfältig geschält werden.

Schon gewusst?

- Traditionell beginnt die Saison Mitte April und endet am 24. Juni, dem **Johannistag**. Rund 2,2 kg Spargel lässt sich hierzulande jeder Haushalt durchschnittlich in dieser Zeit schmecken – vorzugsweise weiße Stangen.
- Zum Saisonbeginn im Frühjahr lässt das schlanke Gemüse auf sich warten, wächst nur **1 cm am Tag**. So brauchen die Stangen 20 bis 25 Tage, bis sie gestochen werden können. Erst ab Mitte der Saison geht's schneller. Dann schaffen sie 5 cm täglich.
- Ob grün oder weiß: Die Stangen haben einen mehr als 90-prozentigen Wassergehalt und **sehr wenig Kalorien**.
- Gerüchten zufolge soll Spargel **aphrodisierende Wirkung** haben. Auf jeden Fall enthält das Gemüse reichlich wertvolle Nährstoffe wie zum Beispiel Kalium und Vitamin A, B, C und E.
- Frisch gestochene Stangen sind fest und duften angenehm grasig. Und **quietschen**, wenn man sie aneinander reibt.

GRÜNER SPARGEL MIT SPINAT, ERDBEEREN UND PARMESAN

Für 4 Portionen
Zubereitungszeit: 25 Min.
Pro Portion: 180 kcal, 10 g E, 11 g F, 9 g KH

— Frühlingsfrisch —

250 g Babyspinat
250 g Erdbeeren
1 kg grüner Spargel
Salz
1 Schalotte
30 g Butter
Pfeffer
frisch geriebene Muskatnuss
50 g Parmesan

1 Den Babyspinat verlesen, waschen und abtropfen lassen. Die Erdbeeren verlesen, abbrausen und abtropfen lassen. Erdbeeren entkelchen.

2 Den grünen Spargel waschen und das untere Drittel der Spargelstangen schälen. Die holzigen Enden abschneiden. Die Spargelstangen dann schräg in ca. 3 cm lange Stücke schneiden.

3 In einem Topf reichlich Wasser mit Salz aufkochen. Die Spargelstücke ca. 2 Min. im sprudelnd kochenden Wasser blanchieren, anschließend in ein Sieb abgießen und gut abtropfen lassen.

4 Die Schalotte schälen und in feine Würfel schneiden. In einem Topf die Butter erhitzen und die Schalottenwürfel darin anschwitzen. Den Spinat dazugeben und mit Salz, Pfeffer und Muskatnuss würzen. Die Spargelstücke hinzufügen und kurz anbraten.

5 Die Erdbeeren je nach Größe halbieren oder vierteln. Spargel und Spinat auf Teller verteilen. Die Erdbeeren darübergeben, den Parmesan mit einem Sparschäler darüberhobeln und den Salat sofort servieren. Sie mögen Parmesan nicht so gern? Erdbeeren und Spinat schmecken auch sehr gut mit warmem Ziegenkäse. Dafür Ziegenweichkäse in Scheiben schneiden und diese in einer beschichteten Pfanne in etwas Sonnenblumenöl von beiden Seiten bei großer Hitze anbraten.

WARMES SPARGEL-SANDWICH MIT OLIVEN

Für 4 Portionen
Zubereitungszeit: 30 Min.
Pro Portion: 855 kcal,
22 g E, 70 g F, 35 g KH

— *Vegetarischer Snack* —

1 Für den Salat Rucola in einem Sieb waschen und gut abtropfen lassen. Den Balsamico mit dem Olivenöl vermischen und mit Salz und Pfeffer würzen. Das Dressing zur Seite stellen.

2 Für das Sandwich das Ciabatta-Brot längs halbieren und die beiden Hälften quer in Scheiben von jeweils ca. 50 g schneiden. In einer Pfanne das Olivenöl erhitzen und die Brotstücke darin bei mittlerer Hitze von beiden Seiten goldbraun braten. Das Brot aus der Pfanne nehmen, die Pfanne zur Seite stellen. Die Knoblauchzehe halbieren und mit der Schnittfläche über die gerösteten Brotscheiben streichen.

3 Den grünen Spargel waschen, das untere Drittel der Stangen schälen und die holzigen Enden abschneiden. In einem Topf reichlich Wasser mit Salz und 1 Prise Zucker aufkochen. Den Spargel ca. 3 Min. im sprudelnd kochenden Wasser blanchieren. In ein Sieb abgießen und abtropfen lassen. Dann die Stangen in der Pfanne, in der die Brotscheiben geröstet wurden, kurz anbraten. Die Oliven grob hacken.

4 Ein Backblech mit Backpapier belegen. Die Brotscheiben darauflegen. Den angebratenen Spargel darauf verteilen und die Ziegenkäsetaler darauflegen (evtl. längs halbieren, falls sie sehr dick sind). Alles mit den Pinienkernen und den gehackten Oliven bestreuen.

5 Den Backofen auf 180° (am besten nur Oberhitze) vorheizen. Für die Sauce die Butter in einem Topf schmelzen. Die Schalotte schälen und fein schneiden. Schalotte, Weißwein und Eigelbe mit einem Schneebesen über einem heißen Wasserbad schaumig aufschlagen, bis die Mischung dicklich wird. Dann die flüssige Butter nach und nach unterrühren. Die Sauce mit Pfeffer, Salz und 1 Prise Zucker würzen. Das Tomatenmark mit einer Gabel glatt rühren und dann unter die Sauce rühren.

6 Die Brote mit den Spargelstangen und den Käsetalern kurz in den heißen Ofen (Mitte) geben und den Käse leicht erhitzen. Dann die Brote auf Teller geben und mit der Sauce überziehen. Rucola mit dem Balsamico-Dressing marinieren und neben den Broten anrichten.

Für den Salat
100 g Rucola
1 EL Aceto balsamico
2 EL Olivenöl
Salz
Pfeffer

Für das Spargel-Sandwich
200 g Ciabatta-Brot
4 EL Olivenöl
1 Knoblauchzehe
1 kg grüner Spargel
Salz
Zucker
12 schwarze Oliven (entsteint; z. B. Kalamata)
160 g Ziegenfrischkäsetaler
2 EL Pinienkerne
Pfeffer

Für die Sauce
100 g Butter
1 Schalotte
80 ml Weißwein
3 Eigelb
Pfeffer | Salz
Zucker
1 EL Tomatenmark

Außerdem
Edelstahlschüssel und passender Topf für ein Wasserbad

SPARGEL MIT BRENNNESSELSPINAT UND BUTTERSAUCE

Für 4 Portionen
Zubereitungszeit: 45 Min.
Pro Portion: 660 kcal,
20 g E, 60 g F, 8 g KH

— Wild-aromatisch —

Für den Spargel
1,5 kg weißer Spargel
Salz
Zucker
½ TL Butter

Für die Buttersauce
150 g Butter
4 Eigelb
50 ml Weißwein
Salz
Pfeffer
1 Spritzer Zitronensaft

Für den Brennnesselspinat
80 g Butter
600 g zarte Brennnessel-Triebe
Salz
1 Schalotte
1 Knoblauchzehe
1 TL Butterschmalz
Pfeffer

Außerdem
Edelstahlschüssel und passender Topf für ein Wasserbad

1 Den weißen Spargel schälen und die holzigen Enden abschneiden. Die Stangen in ein sauberes, angefeuchtetes Geschirrtuch wickeln und bis zum Kochen in den Kühlschrank geben.

2 Für die Buttersauce die 150 g Butter in einen Topf geben, schmelzen und anschließend lauwarm abkühlen lassen.

3 Für den Brennnesselspinat die 80 g Butter erhitzen und klären. In einem Topf reichlich Wasser mit Salz aufkochen. Die Brennnessel-Triebe verlesen, abbrausen und kurz im sprudelnd kochenden Wasser blanchieren. Brennnesseln in ein Sieb abgießen, gut abtropfen lassen, dann in einem Rührbecher mit einem Pürierstab zerkleinern.

4 Schalotte und Knoblauch schälen und fein schneiden. In einer Pfanne das Butterschmalz erhitzen, Schalotte und Knoblauch darin anschwitzen. Anschließend Schalotten und Knoblauch mit etwas Salz, Pfeffer und der geklärten Butter zu den pürierten Brennnesseln geben und untermixen. Die Mischung abschmecken und bis zum Servieren warm stellen.

5 Für den Spargel in einem Topf reichlich Wasser aufkochen und mit Salz, 1 Prise Zucker und der Butter aromatisieren. Den vorbereiteten Spargel darin in ca. 10 Min. leicht bissfest kochen.

6 Für die Buttersauce die Eigelbe über einem heißen Wasserbad dickcremig aufschlagen. Dann langsam die lauwarme, flüssige Butter unterschlagen. Den Weißwein unter Rühren mit dem Schneebesen dazugeben und die Sauce mit Salz, Pfeffer und Zitronensaft abschmecken.

7 Spargel und Brennnesselspinat auf vier Tellern anrichten. Die Buttersauce über den Spargel träufeln. Dazu passt gebratenes Lachsfilet.

PASTA MIT SPARGEL-ZITRONEN-PESTO

Für 4 Portionen
Zubereitungszeit: 30 Min.
Pro Portion: 945 kcal,
27 g E, 56 g F, 84 g KH

— Schnelle Nudelküche —

1 Für die Pasta reichlich Wasser mit Salz in einem Topf aufkochen. Den grünen Spargel waschen, das untere Drittel der Stangen schälen und die holzigen Enden abschneiden. Den Spargel im kochenden Salzwasser in ca. 3 Min. leicht bissfest garen. Abgießen, eiskalt abschrecken und abtropfen sowie komplett auskühlen lassen.

2 Währenddessen die Pinienkerne in einer Pfanne ohne Fett rösten. Auf einen Teller geben und auskühlen lassen.

3 Knoblauchzehe schälen und würfeln. Die Zitrone heiß waschen und abtrocknen. Die Schale fein abreiben, den Saft auspressen. Die Kräuter abbrausen und trocken schütteln. Die Blättchen abzupfen. Blättchen und Schnittlauch grob schneiden.

4 Den abgekühlten Spargel in Stücke schneiden und gründlich trocken tupfen. Spargel, Pinienkerne, Knoblauch, Zitronensaft und -schale sowie die Kräuter in einen Mixer geben. Alles fein pürieren, dabei das Öl nach und nach untermixen. Den Parmesan fein reiben und unter das Pesto rühren. Das Pesto mit Salz und Pfeffer abschmecken.

5 Währenddessen für die Nudeln reichlich Salzwasser in einem großen Topf aufkochen. Die Nudeln dazugeben und nach Packungsanweisung unter gelegentlichem Rühren leicht bissfest garen.

6 Für die Ziegenkäsetaler den Backofen auf 80° vorheizen. Rosmarin abbrausen und die Zweige halbieren. Ziegenkäsetaler in eine Auflaufform legen, pfeffern und mit Honig beträufeln. Die Rosmarinzweige auflegen und den Käse in ca. 5 Min. im warmen Ofen (Mitte) erhitzen.

7 Die Nudeln abgießen und gut abtropfen lassen, dabei etwas Nudelkochwasser auffangen. Nudeln, etwas Kochwasser und reichlich Pesto in den heißen Kochtopf zurückgeben und durchschwenken.

8 Die Pesto-Nudeln auf vorgewärmte Teller verteilen. Die Ziegenkäsetaler aus dem Ofen nehmen und darauf anrichten. Nach Belieben noch alles mit Blüten von der Kapuzinerkresse garniert servieren.

Für die Pasta und das Pesto
Salz
200 g grüner Spargel
50 g Pinienkerne
1 Knoblauchzehe
½ Bio-Zitrone
1 Zweig Zitronenthymian
1 Stängel Basilikum
1 Stängel glatte Petersilie
¼ Bund Schnittlauch
150 ml Sonnenblumenöl
50 g Parmesan
Pfeffer
400 g große Muschelnudeln (Conchiglioni)

Für die Ziegenkäsetaler
2 Zweige Rosmarin
8 gereifte Ziegenkäsetaler (à 20 g)
Pfeffer
4 TL Honig

Außerdem
Kapuzinerkresse-Blüten zum Garnieren (nach Belieben)

MEIN TIPP: *Vom Pesto ist noch etwas übrig? Einfach das Pesto in ein Glas füllen, mit etwas Öl bedecken und verschließen. So hält es sich im Kühlschrank ca. 1 Woche frisch.*

„

Rosmarin wächst und gedeiht in meinem Garten zuhauf. Er ist ein absoluter Allrounder in meiner Küche. In der Kombination mit Honig und Ziegenkäse überzeugt er nicht nur Käseliebhaber!

Erbsen, Linsen, Bohnen

Es gibt den Sammelbegriff »Hülsenfrüchte«, und er signalisierte lange Jahre eine Art von Überlebenskost. Irgendwann kamen dann aus Frankreich feine Linsengerichte. Die mediterrane Küche drängte ins Deutschtum und damit auch die Dicken Bohnen: »fave« aus Italien und »fève« aus der französischen Hochküche – Köstlichkeiten, die bis dahin hierzulande als Saubohnen diffamiert wurden.

Nur mit den Erbsen ist es hierzulande immer noch ein ziemliches Kreuz, weil die heimischen Gärtner zu spät ernten – die größte Erbse gilt als die ertragreichste. Doch die ganz kleinen kann man mittlerweile auch bei uns finden. Trotzdem nichts gegen Altmodisches, beispielsweise einen Eintopf aus großen getrockneten Erbsen mit Zwiebeln und Speck!

Schon gewusst?

- Erbsen, Linsen, Bohnen – alle punkten mit hohem **Eiweißgehalt**, reichlich Ballaststoffen und den wichtigen Vitaminen B1, B6 und Folsäure sowie Mineralstoffen wie Kalium, Eisen und Magnesium.
- Linsen haben in der schwäbischen Küche eine lange Tradition. Und seit einigen Jahren werden die aromatischen **Alblinsen** auch wieder vermehrt in Süddeutschland kultiviert.
- Dicke Bohnen heißen, je nach Region, auch Sau- oder Puffbohnen. Vor allem im Juni und Juli sind sie – frisch aus den Schoten gepalt und kurz gegart – **kleine Delikatessen**.
- Grüne Bohnen schmecken **besonders gut im Hochsommer**, wenn sie hierzulande Hochsaison haben. In manchen Gegenden sind sie besser als Busch-, Brech- oder Stangenbohnen bekannt. Breite grüne Bohnen werden auch Schnippelbohnen oder Schneidebohnen genannt.
- Bohnen grundsätzlich nur **gegart genießen**! Roh enthalten sie Giftstoffe, die erst durch das Kochen zerstört werden.

ERBSEN-GAZPACHO MIT APFEL

Für 4 Portionen
Zubereitungszeit: 30 Min.
Pro Portion: 130 kcal, 6 g E, 1 g F, 24 g KH

— Grün und gesund —

350 g frisch gepalte Erbsen (ersatzweise TK-Erbsen)
Salz
3 säuerliche, grünschalige Äpfel (z. B. Granny Smith)
½ Bio-Limette
2 Stängel Basilikum
½ Bund Schnittlauch
350 ml Gemüsefond (aus dem Glas)

Außerdem
Gänseblümchen-Blüten zum Garnieren

1 Die frischen Erbsen abbrausen und abtropfen lassen. In einem Topf reichlich Wasser mit Salz aufkochen. Die Erbsen im sprudelnd kochenden Salzwasser ca. 5 Min. blanchieren. TK-Erbsen ebenfalls blanchieren.

2 Die Erbsen in ein Sieb abgießen, eiskalt abschrecken und abtropfen lassen. Für die Einlage 100 g Erbsen beiseitestellen.

3 Die Äpfel waschen und trocken reiben. 1 Apfel vierteln, das Kerngehäuse entfernen und das Fruchtfleisch grob würfeln. Die Limettenhälfte heiß waschen, abtrocknen und die Schale fein abreiben, den Saft auspressen.

4 Basilikum und Schnittlauch abbrausen und trocken schütteln. Basilikumblättchen fein schneiden, aber nicht hacken! So bleiben die Blättchen besonders aromatisch. Den Schnittlauch in feine Röllchen schneiden.

5 Das grob gewürfelte Apfelfruchtfleisch mit den blanchierten Erbsen, den geschnittenen Kräutern sowie Limettenschale, -saft und Gemüsefond in einen großen Hochleistungsmixer geben und kurz pürieren. Das Püree anschließend nach Belieben durch ein Sieb passieren, in vier Schälchen oder Tassen verteilen und bis zum Servieren kühl stellen.

6 Kurz vor dem Servieren die beiden übrigen Äpfel halbieren und die Kerngehäuse entfernen. Das Fruchtfleisch fein würfeln. Je ca. 2 EL Apfelwürfel und die beiseitegestellten Erbsen als Einlage in jede Gazpacho geben. Nach Belieben die Gazpacho mit Gänseblümchen-Blüten garnieren.

MEIN TIPP: *Auch sehr köstlich: Die Gazpacho mit gebratener Garnele oder Scheiben von Entenschinken oder Blutwurst anrichten.*

GNOCCHI MIT FRISCH GEPALTEN ERBSEN

Für 4 Portionen
Zubereitungszeit: 1 Std.
Pro Portion: 763 kcal,
40 g E, 19 g F, 114 g KH

— Mit feiner Minznote —

1 kg mehligkochende Kartoffeln
Salz
1,5 kg Erbsen in Schoten (ersatzweise 600 g TK-Erbsen)
1 Bund Minze
2 Eier (S)
4–7 EL Kartoffelstärke
80 g Parmesan
4 EL Butter

Außerdem
Mehl zum Arbeiten

1 Die Kartoffeln schälen, halbieren und in einem Topf in gesalzenem Wasser zugedeckt in 20–30 Min. weich kochen. In der Zwischenzeit die frischen Erbsen aus den Schoten palen. Die Minze abbrausen, trocken schütteln und die Blätter abzupfen.

2 Die weich gekochten Kartoffeln abgießen und sehr gut ausdampfen lassen. Ein Backbrett mit Mehl bestäuben. Die Kartoffeln durch eine Kartoffelpresse drücken und locker auf dem Backbrett verteilen.

3 Die Eier, 4 EL Kartoffelstärke und 1 kräftige Prise Salz auf die noch warme Kartoffelmasse geben und alles rasch zu einem Teig vermengen, dabei nicht zu stark kneten. Ist der Teig zu feucht, noch mehr Kartoffelstärke unterkneten. Wenn er zu trocken und spröde ist, zusätzlich noch 1 EL weiche Butter unterarbeiten.

4 Die Hälfte der Minzeblätter fein schneiden und unter den Kartoffelteig mischen. Den Kartoffelteig zu Rollen von ungefähr 1 ½ cm Durchmesser formen. Die Rollen mit einem Messer in ca. 1 cm breite Stücke schneiden. Die Stücke jeweils mit einer Gabel eindrücken.

5 In einem Topf reichlich Wasser aufkochen, dann die Hitze reduzieren. Die Gnocchi portionsweise im siedenden Salzwasser 3–5 Min. garen, mit einem Schaumlöffel herausnehmen und abtropfen lassen.

6 In einem zweiten Topf reichlich Wasser mit Salz aufkochen. Die Erbsen im sprudelnd kochenden Wasser 1–2 Min. blanchieren, in ein Sieb abgießen und abtropfen lassen. Den Parmesan grob reiben.

7 In einer Pfanne die Butter schmelzen, Gnocchi und Erbsen hinzugeben und durchschwenken. Den Parmesan darüberstreuen. Die restliche Minze in feine Streifen schneiden. Die Gnocchi mit den Erbsen auf Tellern anrichten und mit der Minze bestreut servieren.

LINSEN MIT SPÄTZLE UND WÜRSTCHEN

Für 4 Portionen
Zubereitungszeit: 2 Std.
Pro Portion: 720 kcal,
43 g E, 28 g F, 68 g KH

— *Schwäbische Heimatküche* —

1 Die Linsen ca. 30 Min. in reichlich kaltem Wasser einweichen. In der Zwischenzeit für die Spätzle das Mehl in eine Schüssel geben, in die Mitte des Mehls eine Mulde eindrücken. Die Eier hineinschlagen und 1 Prise Salz dazugeben. Alles mit einem Kochlöffel vermengen und so lange schlagen, bis ein glatter, leicht blasiger Teig entstanden ist. Die Schüssel mit Frischhaltefolie abdecken. Teig ca. 30 Min. ruhen lassen.

2 Nach der Einweichzeit der Linsen die Zwiebel schälen und in feine Würfel schneiden. Die eingeweichten Linsen abtropfen lassen.

3 In einem Topf das Butterschmalz erhitzen. Die Zwiebelwürfel darin anschwitzen. Abgetropfte Linsen dazugeben, Rotwein und Brühe dazugießen. Die rohe Kartoffel schälen und waschen. Fein reiben und dazugeben. Speck fein würfeln und ebenfalls dazugeben. Alles aufkochen und ca. 30 Min. bei kleiner bis mittlerer Hitze köcheln lassen.

4 Inzwischen das Suppengemüse putzen, waschen bzw. schälen und fein würfeln. Thymian abbrausen und trocken schütteln. Thymian und Gemüsewürfel zu den Linsen geben. Alles weitere ca. 15 Min. köcheln lassen.

5 Währenddessen für die Spätzle reichlich Salzwasser in einem großen Topf aufkochen. Ein Spätzlebrett kurz ins kochende Wasser tauchen, ca. 2 EL Teig daraufgeben. Den Teig mit einem ebenfalls angefeuchteten Teigschaber zunächst flach auf das Brett streichen und dann daraus portionsweise dünne Streifen ins kochende Wasser schaben.

6 Die Spätzle jeweils köcheln lassen, bis sie an die Wasseroberfläche steigen. Dann die Spätzle mit einem Schaumlöffel aus dem kochenden Wasser heben und kurz in eine Schüssel mit kaltem Wasser geben, anschließend absieben. Auf diese Weise den Teig nach und nach zu Spätzle verarbeiten.

7 Die Würstchen in heißem Wasser oder direkt im Linsentopf erwärmen. Die Butter in einer Pfanne erhitzen. Die fertigen Spätzle darin kurz schwenken und erhitzen. Die Linsen mit Salz, Pfeffer und Essig abschmecken und mit Spätzle und Würstchen anrichten.

200 g Berglinsen oder kleine Alblinsen
200 g Mehl
3 Eier
Salz
1 Zwiebel
1 EL Butterschmalz
150 ml Rotwein
500 ml Gemüsebrühe
1 mehligkochende Kartoffel
50 g geräucherter Speck
100 g Suppengemüse (Knollensellerie, Möhre, Lauch)
2 Zweige Thymian
8 Wiener Würstchen (s. Tipp)
2 EL Butter
Pfeffer
2 EL Essig

Außerdem
Spätzlebrett und Schaber

MEIN TIPP: *Wiener Würstchen oder auf schwäbisch »Saitenwürstle« kauft man beim guten Metzger. Sie sollten tagesfrisch sein, keinesfalls vakuumverpackte Dauerware verwenden.*

SALAT MIT BOHNEN, PILZEN UND EI

Für 4 Portionen
Zubereitungszeit: 1 Std.
Pro Portion: 670 kcal,
42 g E, 39 g F, 39 g KH

— *Vegetarisch* —

Für den Bohnensalat und die Pilze

1 kg Dicke Bohnen in Schoten (ersatzweise 450 g TK-Dicke-Bohnenkerne)
400 g grüne Bohnen
200 g Wachsbohnen
Salz
2 Schalotten
1 Knoblauchzehe
6 Stängel Bohnenkraut
2 Frühlingszwiebeln
7 EL Olivenöl
2 EL Himbeeressig
3 EL Weißweinessig
Pfeffer
Zucker
400 g Pfifferlinge (ersatzweise Kräuterseitlinge)
1 EL Butter

Für die Eier

200 ml Weißweinessig
4 sehr frische, gut gekühlte Eier

Für die Birnen

2 EL brauner Zucker
2 Birnen

1 Dicke Bohnenkerne aus den Schoten palen und in kochendem Wasser ca. 3 Min. garen. Abgießen, abtropfen und etwas abkühlen lassen, dann aus den Häutchen drücken. Grüne Bohnen und Wachsbohnen putzen, waschen und in kochendem Salzwasser 7–8 Min. garen.

2 Inzwischen Schalotten und Knoblauch schälen und fein würfeln. Das Bohnenkraut abbrausen und trocken schütteln. Die Blättchen hacken. Die Frühlingszwiebeln putzen, waschen und in Röllchen schneiden. Die Hälfte der Schalottenwürfel und den Knoblauch in einer Pfanne in 1 EL Öl anschwitzen, dann mit Himbeer- und 3 EL Weißweinessig ablöschen.

3 Wachsbohnen und grüne Bohnen abgießen, gut abtropfen lassen und mit in die Pfanne geben. Dicke Bohnenkerne, Bohnenkraut und die Hälfte der Frühlingszwiebeln dazugeben. Alles vom Herd ziehen und mit Salz, Pfeffer und 1 Prise Zucker würzen. 4 EL Olivenöl darübergießen.

4 Die Pfifferlinge putzen und mit einem Pinsel säubern. Pilze in den restlichen 2 EL Öl in einer zweiten Pfanne bei großer Hitze anbraten. Dann die übrigen Schalottenwürfel und Frühlingszwiebeln mit der Butter dazugeben und mitanschwitzen. Alles mit Salz und Pfeffer würzen.

5 Für die Eier 1 l Wasser mit dem Essig in einem weiten Topf aufkochen, dann die Hitze reduzieren. Die Eier einzeln in eine Suppenkelle aufschlagen. Mit einem Schneebesen einen Strudel im Wasser erzeugen. Die Eier nach und nach ins Wasser gleiten lassen und in ca. 5 Min. knapp unter dem Siedepunkt (ca. 90°) gar ziehen lassen. Eine Schale mit warmem Salzwasser bereitstellen. Pochierte Eier mit einer Schaumkelle aus dem Kochwasser heben, ins Salzwasser geben und kurz ziehen lassen.

6 Für die Birnen den braunen Zucker auf einen Teller geben. Die Birnen waschen, vierteln und die Kerngehäuse entfernen. Die Viertel mit den Schnittkanten in den Zucker tauchen. Eine Pfanne erhitzen. Die Birnenviertel auf den Schnittkanten in die Pfanne setzen und kurz karamellisieren lassen, die Birnen sollen nicht weich gegart werden.

7 Den Bohnensalat mit Salz und Pfeffer abschmecken und auf Teller verteilen. Birnen und Pilze dazugeben. Je 1 pochiertes Ei darauf anrichten.

GEFÜLLTE FRIKADELLEN MIT BOHNENSALAT

— Mit Knusper-Chips —

Für 4 Portionen
Zubereitungszeit: 1 Std. 30 Min.
Marinierzeit: 2 Std., am besten über Nacht
Pro Portion: 1 190 kcal, 83 g E, 55 g F, 90 g KH

1 Für den Salat die breiten Bohnen putzen, waschen und in Stücke schneiden. In einem Topf reichlich Wasser mit Salz aufkochen. Das Bohnenkraut abbrausen und dazugeben. Die breiten Bohnen dazugeben und im kochenden Wasser ca. 10 Min. garen. Inzwischen den Balsamico erhitzen und mit Salz, 1 Prise Zucker und Lorbeerblatt würzen. Die gegarten Bohnen abgießen, eiskalt abschrecken und abtropfen lassen. Dann unter den Balsamico mischen und ziehen lassen.

2 Dicke Bohnenkerne aus den Schoten lösen. In leicht gesalzenem Wasser garen, abgießen, eiskalt abschrecken und aus den Häutchen drücken. Die Kerne unter die marinierten breiten Bohnen mischen. Frische weiße Bohnenkerne ebenfalls in leicht gesalzenem Wasser weich garen, abgießen und abtropfen lassen. Dann unter die marinierten Bohnen mischen. Den Salat mind. 2 Std. durchziehen lassen, am besten über Nacht.

3 Für die Frikadellen das Brot in kaltem Wasser einweichen. Die Zwiebel schälen. Liebstöckel und Bohnenkraut abbrausen und trocken schütteln. Bohnenkraut beiseitelegen. Liebstöckelblättchen und Zwiebel fein hacken und mit Hackfleisch, Fenchelsamen, Salz und Pfeffer in eine Schüssel geben. Das Brot ausdrücken, dazugeben und alles gut vermischen. Die Bohnenkrautblättchen fein hacken und mit Frischkäse und Salz verrühren. Die Hackmasse zu kleinen Frikadellen formen, jeweils ein Loch hineindrücken und etwas Frischkäsemasse einfüllen (z. B. mit einem Spritzbeutel). Hackmasse um die Füllung herum verschließen.

4 Das Öl zum Braten in einer Pfanne erhitzen und die Frikadellen darin rundherum knusprig braun braten. Inzwischen für den Kräuterschmand Dill und Schnittlauch abbrausen, trocken schütteln und fein hacken. Schmand und Kräuter mischen und mit Salz abschmecken.

5 Für die Chips das Brot in feine Scheiben schneiden und portionsweise in jeweils etwas Öl und Butter bei großer Hitze zu knusprigen Chips braten.

6 Die rote Zwiebel schälen und in feine Ringe schneiden. 2–3 EL Olivenöl unter den Bohnensalat mischen und den Salat nochmals mit Salz und Pfeffer abschmecken. Salat mit Frikadellen, Zwiebelringen und Brotchips anrichten. Den Kräuterschmand dazu reichen.

Für den Bohnensalat
500 g breite Bohnen
Salz
3 Stängel Bohnenkraut
80 ml Aceto balsamico bianco
Zucker
1 Lorbeerblatt
500 g Dicke Bohnen in Schoten
100 g kleine frische weiße Bohnenkerne (ersatzweise gekochte getrocknete)
3 EL Olivenöl
Pfeffer

Für die Frikadellen
150 g altbackenes Weizenbrot
1 Zwiebel
3 Blätter Liebstöckel
3 Stängel Bohnenkraut
600 g Rinderhackfleisch
½ TL Fenchelsamen
Salz | Pfeffer
150 g Ziegenfrischkäse
2 EL Öl zum Braten

Für Kräuterschmand, Chips und Zwiebelringe
1 Bund Dill
1 Bund Schnittlauch
200 g Schmand
Salz
1 kleines Baguette
je 2 EL Olivenöl und Butter
1 rote Zwiebel

Brokkoli und Blumenkohl

Wenn ich vom Einkaufen nach Hause komme und meinen Jungs sage, dass es heute Brokkoli gibt, ist die Vorfreude riesig!! Sie lieben ihn ganz einfach nur in Salzwasser gegart. Nackig zubereitet!

Doch ich weiß, dass es viele gibt, die nicht unbedingt in die Luft springen, wenn es Brokkoli oder Blumenkohl zum Essen gibt. Oft ist das Gemüse zu weich gegart und »verwässert«. Das liegt am Blanchieren und Wiedererhitzen.

Ich versuche immer, so wenig Wasser wie möglich an mein Gemüse zu lassen. So bleibt es schmackhaft und die Vitamine werden weitestgehend erhalten.

Köstlich schmecken Blumenkohl und Brokkoli einfach in Scheiben geschnitten und gebraten. Und orientalisch gewürzt überzeugen B & B fast jeden!

Schon gewusst?

- Von April bis in den November gibt es im Supermarkt Blumenkohl und Brokkoli **aus heimischem Anbau**.
- Beide zählen mit ihrem dezenten Kohlgeschmack zu den **Lieblingsgemüsen** der Deutschen.
- Die grünen Hüllblätter dienen Blumenkohlköpfen während des Wachstums als **Lichtschutz**. Dadurch kann sich kein Chlorophyll bilden und der Blumenkohl behält seine weiße Farbe.
- Die grüne Farbe beim Brokkoli deutet an, dass er **reichlich Chlorophyll** enthält – und damit eine gute Quelle für Magnesium und Karotinoide ist. Außerdem liefert er Kalzium und Eisen.
- Brokkoli und Blumenkohl beeindrucken mit **hohem Vitamin-C-Gehalt** (mehr als Zitronen!) und wenig Kalorien.

RAHM-PENNE MIT BROKKOLI

— Schnell und unkompliziert —

Für 4 Portionen
Zubereitungszeit: 30 Min.
Pro Portion: 650 kcal,
17 g E, 33 g F, 69 g KH

700 g Brokkoli
Salz
2 Bio-Zitronen
2 Zwiebeln
350 g Penne (ersatzweise andere kurze Nudeln)
2 EL Olivenöl
300 g Crème fraîche
Pfeffer
1 Bund glatte Petersilie
1 Bund Schnittlauch
2 EL Butter
30 g gehäutete Mandeln

1 Brokkoli putzen und waschen. Die Röschen abschneiden und fein zerteilen. Die Stiele mit einem Sparschäler schälen und beiseitestellen. Reichlich Wasser mit etwas Salz aufkochen. Die Brokkoliröschen im sprudelnd kochenden Wasser in ca. 2 Min bissfest blanchieren. Brokkoli in ein Sieb abgießen, eiskalt abschrecken und abtropfen lassen.

2 Die Zitronen heiß waschen, abtrocknen und die Schale fein abreiben, den Saft von 1 Zitrone auspressen. Die Zwiebeln schälen und fein würfeln.

3 Nochmals reichlich Wasser mit etwas Salz aufkochen. Die Penne darin nach Packungsanweisung bissfest garen.

4 Inzwischen das Olivenöl in einem Topf erhitzen, die Zwiebelwürfel darin glasig andünsten. Den blanchierten Brokkoli zu den Zwiebeln geben und ca. 3 Min. mit andünsten. Den Zitronenabrieb dazugeben. Anschließend die Crème fraîche vorsichtig unterrühren und die Brokkolimischung mit etwas Zitronensaft, Salz und Pfeffer abschmecken.

5 Petersilie und Schnittlauch abbrausen und trocken schütteln. Petersilienblättchen fein schneiden. Schnittlauch in feine Röllchen schneiden.

6 Die Brokkolistiele in feine Scheiben hobeln. In einer Pfanne die Butter erhitzen. Die Brokkolischeibchen darin kurz andünsten und leicht salzen.

7 Kurz vor dem Servieren die Kräuter unter die Brokkolimischung heben. Die Nudeln abgießen und abtropfen lassen, dann ebenfalls untermischen. Die Rahm-Penne auf vier Teller verteilen. Die gebratenen Brokkolischeibchen darübergeben und alles mit Pfeffer übermahlen. Die Mandeln mit einer feinen Reibe darüberhobeln und die Rahm-Penne sofort servieren.

SAFRAN-BLUMENKOHL MIT KRÄUTER-BULGUR

Für 4 Portionen
Zubereitungszeit: 40 Min.
Pro Portion: 665 kcal,
24 g E, 36 g F, 69 g KH

— Gewürzduftend —

1 Zwiebel
1 EL Butterschmalz
200 g grober Bulgur
1 Prise gemahlener Kardamom
1 Prise gemahlener Kreuzkümmel
ca. 1 l Gemüsebrühe
100 g Mandeln
1 ½ EL Butter
grobes Meersalz
1 Blumenkohl (ca. 1,2 kg)
Salz
2 Prisen Safranfäden
1 Bund glatte Petersilie
1 Bund Koriandergrün
Pfeffer
200 g griechischer Joghurt (10 % Fett)

1 Die Zwiebel schälen und in feine Würfel schneiden. Das Butterschmalz in einem Topf erhitzen. Die Zwiebelwürfel darin andünsten. Den Bulgur unter Rühren einstreuen und mit etwas Kardamom und Kreuzkümmel würzen. Ca. 600 ml Gemüsebrühe angießen und köcheln lassen, bis der Bulgur die Flüssigkeit aufgenommen hat.

2 Inzwischen die Mandeln grob hacken und in einer Pfanne ohne Fett anrösten. Kurz vor Ende des Röstvorgangs die Hälfte der Butter und etwas grobes Salz dazugeben. Dann die Mandeln auf einen Teller geben und beiseitestellen. Die Pfanne ebenfalls beiseitestellen.

3 Den Blumenkohl putzen und in feine Röschen teilen. In einem Topf reichlich Wasser mit Salz aufkochen. Die Blumenkohlröschen im sprudelnd kochenden Wasser kurz blanchieren, dann in ein Sieb abgießen, eiskalt abschrecken und gut abtropfen lassen.

4 In der Pfanne die restliche Butter schmelzen. Den Safran fein mörsern und dazugeben. Die übrige Gemüsebrühe bis auf einen kleinen Rest angießen. Die Blumenkohlröschen dazugeben und alles offen unter Schwenken erhitzen. Die Röschen bissfest garen, bis die Brühe verdampft ist. Dann die Blumenkohlröschen in der Pfanne noch kurz rösten.

5 Petersilie und Koriandergrün abbrausen und trocken schütteln. Kräuterblättchen abzupfen und mit ca. 2 Spritzern Gemüsebrühe fein pürieren. Das Kräuterpüree und die beiseitegestellten Mandeln unter den Bulgur mischen und den Kräuter-Bulgur abschmecken.

6 Den Joghurt mit etwas Salz verrühren und abschmecken. Die gerösteten Blumenkohlröschen und den Kräuter-Bulgur auf vier vorgewärmten Tellern anrichten. Den Joghurt dazu reichen.

Wildkräuter

Mittlerweile ist es ein Hobby von mir. Ich laufe nicht gerne lange Wege und Steigungen in der Natur. Aber als wackerer Schwabe muss ich auch ein bisschen Nutzen einheimsen.

So gibt es im Frühjahr nichts Schöneres als jungen Löwenzahn in den Wiesen zu pflücken. An den Waldrändern rottet sich der Bärlauch zusammen. Sauerampfer, oder ganz früh im Jahr, wenn sich das Gras noch zurückhält, dann schießt dunkelgrün der wilde Schnittlauch in den Himmel. An den Bachufern – man muss genau hinschauen – wächst die Brunnenkresse.

Wildkräuter bieten Zungen-Abenteuer sowie urige Geschmackserlebnisse, und die Ernte befeuert Saucen oder Salate.

Schon gewusst?

- Wer **selbst sammeln** will, sucht am besten abseits von viel befahrenen Straßen, Hundewiesen und Bahngleisen. Nur bekannte Kräuter abschneiden! Und kleine Schere, Gartenhandschuhe und Korb nicht vergessen!
- Im April, wenn die Säfte ganz frisch in den Blättern sind, schmeckt **Bärlauch** besonders gut. Doch Vorsicht! Die giftigen Blätter von Maiglöckchen und Herbstzeitlose sehen Bärlauch zum Verwechseln ähnlich. Ihnen fehlt aber der typische Knoblauchduft.
- **Echte Wildkräuter** sind robust. Zum Aufheben die Kräuter abbrausen und verlesen. In einer Plastik-Box bleiben sie im Kühlschrank einige Tage frisch.
- Die **grünen Wilden aus dem Supermarkt** oder Gemüsegeschäft sind dagegen empfindlicher. Die hier angebotenen Kräutersalatmischungen, Löwenzahnstauden oder Sauerampferblättchen stammen meist aus kultiviertem Anbau. Am besten am Einkaufstag genießen!
- Die wilde **Rauke** führte hierzulande jahrzehntelang ein Schattendasein. Erst nach einem Umweg über Italien machte sie als Rucola bei uns Karriere.

WILDKRÄUTERSUPPE MIT SPINATKLÖSSCHEN

Für 4 Portionen
Zubereitungszeit: 50 Min.
Pro Portion: 440 kcal,
10 g E, 38 g F, 12 g KH

— Frisch-aromatisch —

Für die Klößchen
200 g Blattspinat
1 Schalotte
6 EL Butter
1 Brötchen vom Vortag
1 Ei
Salz
Pfeffer
frisch geriebene Muskatnuss

Für die Suppe
1 Handvoll Brunnenkresse
3 Blätter Bärlauch
1 Handvoll Sauerampfer
1 Handvoll junge Löwenzahnblätter
½ Bund Schnittlauch
1 Schalotte
2 EL Butter
1 l Gemüsebrühe
2 Eigelb
150 g Sahne
Salz
Pfeffer
frisch geriebene Muskatnuss

1 Für die Klößchen den Spinat verlesen und putzen, gründlich waschen und abtropfen lassen. Die Schalotte schälen und würfeln. In einer Pfanne 1 EL Butter erhitzen, Schalottenwürfel kurz darin anschwitzen. Den Spinat dazugeben und zusammenfallen lassen. Spinat aus der Pfanne nehmen, gut ausdrücken und fein hacken.

2 Das Brötchen auf einer groben Reibe zu Bröseln reiben. Die restlichen 5 EL Butter in einem kleinen Topf schmelzen.

3 In einem hohen Rührbecher die heiße Butter mit dem Ei verquirlen und mit Salz, Pfeffer und 1 Prise Muskat würzen. Die Brötchenbrösel untermischen, bis eine breiige Paste entsteht. Diese Paste ca. 10 Min. ruhen lassen.

4 Dann den Spinat unter die Brötchenmasse mischen. Aus der Masse kleine Klößchen formen. Reichlich Wasser mit Salz in einem Topf aufkochen, dann die Hitze reduzieren. Die Klößchen ins siedende Salzwasser geben und in ca. 10 Min. gar ziehen lassen. Herausnehmen und abtropfen lassen.

5 Für die Suppe alle Kräuter sorgfältig verlesen, abbrausen und trocken schütteln. Brunnenkresse-Blättchen abzupfen, von Bärlauch, Sauerampfer und Löwenzahn die groben Stiele entfernen. Alle Kräuterblättchen und die Hälfte vom Schnittlauch fein schneiden.

6 Die Schalotte schälen und in feine Würfel schneiden. In einem Suppentopf die Butter erhitzen. Die Schalottenwürfel darin glasig anschwitzen, die fein geschnittenen Kräuter dazugeben und kurz mitdünsten. Die Gemüsebrühe angießen und aufkochen.

7 Die Eigelbe mit etwas Sahne verquirlen. Die restliche Sahne zur Suppe geben und alles mit Salz, Pfeffer und Muskat abschmecken.

8 Den übrigen Schnittlauch fein schneiden. Verquirlte Eigelbe in die heiße, aber nicht mehr kochende Suppe geben und unter Rühren die Suppe binden. Achtung! Sie darf nicht aufkochen, sonst gerinnt das Eigelb.

9 Die Klößchen in Suppenteller verteilen und die heiße Suppe sofort daraufgeben. Die Suppe mit restlichem Schnittlauch bestreuen und servieren.

MEIN TIPP: *Sie können statt der Kartoffeln auch einen Teig aus 150 g Mehl, 1 Ei, 1 Prise Salz und 80 ml Milch anrühren und darunter die Zucchini- und Möhrenraspel mischen. Diesen Mix dann zu Gemüseplätzchen ausbacken.*

GEMÜSERÖSTI MIT FRÜHLINGSSALAT UND KRÄUTERQUARK

Für 4 Portionen
Zubereitungszeit: 45 Min.
Pro Portion: 450 kcal,
22 g E, 27 g F, 28 g KH

— *Schön würzig* —

Für den Frühlingssalat
1 Bund junge Löwenzahnblätter
50 g Wildkräutersalatmischung (z. B. Pimpinelle, Brunnenkresse, Rauke)
½ Bio-Zitrone
Salz
1 TL Honig
2 EL Aceto balsamico bianco
3 EL Olivenöl

Für den Quark
½ Bund Schnittlauch
½ Bund glatte Petersilie
½ Bund Kerbel
400 g Magerquark
100 g Naturjoghurt
1 Spritzer Zitronensaft
2 EL Olivenöl
Salz | Pfeffer

Für die Rösti
500 g festkochende Kartoffeln (ca. 4 Stück)
1 Möhre
1 Zucchino
Salz
Pfeffer
frisch geriebene Muskatnuss
3 EL Olivenöl

1 Für den Frühlingssalat die Löwenzahnblätter und die Wildkräutersalatmischung sorgfältig verlesen, grobe Stiele entfernen. Löwenzahn und Wildkräuter abbrausen und vorsichtig trocken schleudern.

2 Für das Salatdressing die Zitronenhälfte heiß waschen, abtrocknen und etwas Schale abreiben. Die Zitronenschale mit 1 Prise Salz, Honig und Balsamico in einer Schüssel verrühren, dann das Olivenöl unterrühren. Das Honig-Balsamico-Dressing beiseitestellen.

3 Für den Quark Schnittlauch, Petersilie und Kerbel abbrausen und trocken schütteln. Den Schnittlauch in feine Röllchen schneiden. Petersilie- und Kerbelblättchen abzupfen und fein schneiden.

4 Den Quark mit Joghurt, Zitronensaft und Olivenöl verrühren, die Kräuter untermischen und den Quark mit Salz und Pfeffer abschmecken.

5 Für die Rösti die Kartoffeln und die Möhre schälen, waschen und abtropfen lassen. Den Zucchino putzen, waschen und trocken reiben. Kartoffeln, Möhre und Zucchino auf einer groben Reibe raspeln. Anschließend die Gemüseraspel in ein Tuch geben und gut ausdrücken. Die Gemüseraspel mit Salz, Pfeffer und Muskat würzen.

6 In einer großen Pfanne oder in zwei kleineren Pfannen das Olivenöl für die Rösti erhitzen. Die Gemüseraspel als kleine Häufchen in die Pfanne geben und von beiden Seiten in ca. 5 Min. knusprig braten.

7 Kurz vor dem Servieren Löwenzahn und Wildkräuter zum vorbereiteten Honig-Balsamico-Dressing geben und gut vermischen. Die Gemüserösti mit Frühlingssalat und Kräuterquark auf Tellern anrichten.

Zwiebeln und Lauch

Die Zwiebel ist der heimliche Hauptdarsteller in der Küche. Kaum ein Gericht kommt ohne ein Zwiebelgewächs aus. Sie bringt aber auch alles mit, was ein Star der Küche so braucht. Süße, Schärfe, Säure und sogar einen sanften Bitterton kann sie bieten.

Es gibt die Zwiebel in unglaublich vielen Varianten, ich mag die roten Zwiebeln ganz besonders gern. Sie haben von allem die richtigen Mengen und bringen, gepaart mit Frühlingszwiebeln, Farbe ins Essen.

Die Zwiebel ist dazu noch sehr gesund und sorgt für eine gute Darmflora. Sie sorgt aber auch für kuriose Verkleidungen bei denen, die versuchen, die Tränen beim Zwiebelschneiden zu vermeiden, Es gibt wirklich sehr scharfe Zwiebelsorten, die einen nicht um das Weinen herumkommen lassen. Aber meistens liegt es einfach am Messer. Ist dieses nicht scharf genug, reißt es das Zwiebelfleisch auf und das führt zum Weinen.

Schon gewusst?

- Fürs markante Aroma, aber auch für die gesunden Inhaltsstoffe der Zwiebel sind **ätherische Öle** verantwortlich. Je stärker uns eine Zwiebel zum Weinen bringt, desto mehr ätherische Öle enthält sie. Und desto frischer ist sie.
- Etwa **7 kg Zwiebeln** verbrauchen wir Deutschen pro Kopf jedes Jahr.
- Eine besondere Spezialität sind die **»Bülle«** von der Halbinsel Höri am westlichen Ende des Bodensees. Die kleinen roten Zwiebeln schmecken mild aromatisch und nur dezent scharf.
- Am besten **Lauch im Herbst** genießen! Dann ernten ihn die Bauern vom heimischen Freiland und die kräftigen Stangen strotzen vor Aroma und gesunden Inhaltsstoffen. Die schlanken, langen Mitglieder der Zwiebelfamilie werden übrigens auch Porree genannt, vor allem im Norden.

ZWIEBELKUCHEN MIT SAUERRAHMGUSS

Für 1 runde Form (28 cm ∅)
Zubereitungszeit: 1 Std.
Backzeit: 1 Std.
Pro Stück (bei 12): 265 kcal, 9 g E, 13 g F, 28 g KH

— *Heiß geliebter Klassiker* —

Für den Hefeteig
380 g Dinkelmehl (Type 630)
1 TL Zucker
15 g frische Hefe (ersatzweise 7 g Trockenhefe)
225 ml lauwarmes Wasser
50 g weiche Butter
Salz

Für den Belag
1,2 kg Zwiebeln
125 g geräucherter Speck
3 EL Olivenöl
4 Stängel Oregano (ersatzweise Majoran)
2 Stängel glatte Petersilie
Salz
Pfeffer
1 TL Kümmel
200 g saure Sahne
100 ml Milch
100 g Sahne
6 Eier (L)

Außerdem
Mehl zum Arbeiten
1 Back- oder Tarteform mit hohem Rand (28 cm ∅)
Butter für die Form

1 Für den Hefeteig das Mehl in eine Rührschüssel sieben, in die Mitte eine Mulde eindrücken. Zucker und zerbröselte Hefe in die Mulde geben. Mit 50 ml Wasser verrühren und zugedeckt ca. 5 Min. beiseitestellen.

2 Dann zunächst 175 ml lauwarmes Wasser und die Butter zum Vorteig geben. Alles mit den Knethaken des Handrührgerätes oder mit der Küchenmaschine auf niedriger Stufe ca. 3 Min. zu einem geschmeidigen, glatten Teig verkneten, der nicht mehr klebt. Dann auf mittlerer Stufe 1 TL Salz unterkneten und alles weitere ca. 2 Min. durchkneten.

3 Den Teig mit bemehlten Händen zu einer glatten Kugel formen und in die leicht mit Mehl ausgestreute Rührschüssel zurückgeben. Teig mit einem Geschirrtuch bedeckt bei Zimmertemperatur ca. 30 Min. gehen lassen.

4 Inzwischen für den Belag die Zwiebeln schälen und in feine Ringe schneiden oder hobeln. Den Speck ohne Schwarte und Knorpel fein würfeln. Das Öl in einer großen Pfanne erhitzen. Zwiebelringe und Speckwürfel darin unter Wenden goldbraun braten.

5 Oregano und Petersilie abbrausen und trocken schütteln. Die Blättchen abzupfen und fein schneiden. Die Zwiebel-Speck-Mischung in der Pfanne mit Salz, Pfeffer und Kümmel würzen. Die fein geschnittenen Kräuter untermischen und alles etwas abkühlen lassen.

6 Saure Sahne, Milch, Sahne und Eier in einer großen Schüssel verquirlen, salzen und pfeffern. Die Zwiebel-Kräuter-Mischung unterrühren.

7 Den Backofen auf 160° vorheizen. Die Form mit Backpapier auslegen oder mit Butter ausfetten. Den Teig nochmals durchkneten, auf wenig Mehl rund ausrollen und die Form damit auslegen. Dabei einen ca. 4 cm hohen Rand formen. Die Zwiebelmischung einfüllen und darin glatt verteilen.

8 Die Form auf den Rost in den heißen Ofen (Mitte) geben und den Zwiebelkuchen in ca. 1 Std. goldbraun backen. Dann in der Form aus dem Ofen nehmen, auf ein Kuchengitter setzen und den Kuchen etwas abkühlen lassen. Zum Servieren aus der Form lösen und anrichten.

SCHMORZWIEBELN MIT NUSSFÜLLUNG

Für 4 Portionen
Zubereitungszeit: 1 Std.
Pro Portion: 685 kcal,
25 g E, 33 g F, 71 g KH

— *Mit orientalischer Note* —

8 große rote Zwiebeln
4 EL Olivenöl
1 EL Kreuzkümmel
1 EL Fenchelsamen
250 g Bulgur
1,2 l Gemüsebrühe
2 EL Cashewkerne
2 EL Walnusskerne
2 EL Haselnusskerne
1 Bund glatte Petersilie
1 Bund Koriandergrün
4 getrocknete Aprikosen
Salz
Pfeffer
50 g Pecorino (italienischer Hartkäse aus Schafsmilch)
2 EL Butter

Außerdem
Auflaufform mit passendem Deckel
Butter für die Form

1 Die Zwiebeln schälen, jeweils das obere Drittel abschneiden. Zwiebeln aushöhlen (z. B. mit einem Kugelausstecher), dabei 4–5 äußere Randschichten stehen lassen. Zwiebelinneres und abgeschnittene Teile würfeln.

2 In zwei Töpfen jeweils 1 EL Öl erhitzen. Jeweils die Hälfte der Zwiebelwürfel darin anbraten. Kreuzkümmel und Fenchelsamen in einen Topf geben und mit anbraten. Den Bulgur in den anderen Topf geben und unter die Zwiebelwürfel mischen.

3 Knapp 600 ml Gemüsebrühe zum Bulgur gießen und aufkochen. Dann die Hitze reduzieren und den Bulgur bei kleiner Hitze ca. 15 Min. ausquellen lassen. Ca. 400 ml Brühe zu der Zwiebel-Gewürz-Mischung gießen, aufkochen und für die Sauce offen um die Hälfte einkochen.

4 Die Nüsse in einer Pfanne ohne Fett anrösten. Einige Nüsse für die Dekoration beiseitelegen. Übrige Nüsse grob hacken und zum Bulgur geben. Petersilie und Koriander abbrausen, trocken schütteln und abzupfen. Einige Kräuter für die Garnitur zugedeckt beiseitestellen. Übrige Kräuter hacken. Die Aprikosen in feine Streifen schneiden.

5 Den Backofen auf 200° vorheizen. Den Bulgur abschmecken und evtl. mit Salz und Pfeffer würzen. Die gehackten Kräuter und Aprikosenstreifen untermischen. Bulgur-Mix in die ausgehöhlten Zwiebeln füllen. Sollte Füllung übrigbleiben, den Bulgur-Mix vor dem Servieren nochmals kurz erwärmen und extra zu den Zwiebeln reichen.

6 Die gefüllten Zwiebeln in eine gefettete Auflaufform setzen, die restlichen 200 ml Brühe angießen. Die Form mit einem Deckel abdecken. Die Zwiebeln im heißen Ofen (Mitte) ca. 25 Min. backen, dabei den Deckel nach ca. 15 Min. Garzeit entfernen.

7 Für die Sauce den Pecorino reiben. Die Butter und die restlichen 2 EL Olivenöl unter die eingekochte Gemüsebrühe mixen, bis eine leichte Bindung entsteht. Den geriebenen Pecorino unterziehen. Die weich geschmorten Zwiebeln auf vorgewärmte Teller verteilen, jeweils etwas Sauce darüberträufeln. Restliche Sauce und evtl. übrige Füllung extra dazu reichen.

GESCHMORTER LAUCH MIT GRÜNEM PFEFFER

— Raffinierte Gemüseküche —

Für 4 Portionen
Zubereitungszeit:
1 Std. 30 Min.
Pro Portion: 440 kcal, 6 g E, 33 g F, 25 g KH

Für die Kartoffelcreme
6 EL grobes Meersalz
400 g kleine Kartoffeln (z. B. Bamberger Hörnchen oder La Ratte Kartoffeln)
1 Knoblauchzehe
1 Schuss Milch
100 g gesalzene Butter
1 EL eingelegter Ingwer
Salz
Pfeffer

Für Lauch und Cashews
2 Stangen Lauch
200 ml Gemüsefond (aus dem Glas)
50 ml trockener Wermut
50 ml Weißwein
2 TL eingelegte grüne Pfefferkörner (in Salzlake)
Salz
2 EL Cashewkerne
2 EL Butter + 1 EL eiskalte Butter
Currypulver

Außerdem
Crème-brûlée-Bunsenbrenner
1 Handvoll Wasserkresse zum Garnieren (ersatzweise Feldsalat)
Butter für die Form

1 Den Backofen auf 140° (Umluft) vorheizen. Für die Kartoffelcreme das grobe Salz in einer Auflaufform flach verteilen. Die Kartoffeln unter fließendem Wasser gründlich abbürsten und abtropfen lassen. Den ungeschälten Knoblauch und die Kartoffeln auf dem Salz verteilen und im heißen Ofen (Mitte) in ca. 1 Std. weich garen.

2 Inzwischen den Lauch putzen, gründlich waschen und in ca. 2 cm lange Stücke schneiden. Je 1 Schnittseite der Lauchstücke mit einem Bunsenbrenner oder in einer heißen Pfanne ohne Fett kräftig bräunen. Dann den Lauch in einer gebutterten Form verteilen. Gemüsefond, Wermut und Wein in einem Topf aufkochen und darübergießen. Die Pfefferkörner abtropfen lassen und fein hacken. Den Lauch salzen und die Hälfte vom grünen Pfeffer darüberstreuen. Die Form mit Backpapier abdecken.

3 Die gegarten Kartoffeln und den Knoblauch aus dem Ofen nehmen und warm stellen. Die Backofentemperatur auf 120° (Umluft) reduzieren. Den Lauch in den heißen Ofen (Mitte) geben und ca. 20 Min. schmoren.

4 Inzwischen die Cashews grob hacken und in einer Pfanne ohne Fett goldgelb rösten. 2 EL Butter und etwas Currypulver dazugeben. Die Cashews unter Schwenken in der Butter glasieren und salzen.

5 Gegarte Kartoffeln und Knoblauch schälen und durch ein feines Sieb in eine Schüssel streichen. Die Milch in einem Topf erwärmen. Kartoffel-Knoblauch-Püree und gesalzene Butter glatt und cremig rühren. Sollte die Masse zu dicklich sein, etwas warme Milch unterrühren. Den Ingwer abtropfen lassen und fein hacken. Die Kartoffelcreme mit Salz, Pfeffer und Ingwer abschmecken und noch kurz warm stellen.

6 Den Lauch-Schmorfond aus der Form in einen Topf gießen und um die Hälfte einkochen. Mit Salz und übrigem grünem Pfeffer abschmecken. Kurz vor dem Servieren die eiskalte Butter in Flöckchen zur Bindung unter den eingekochten Fond mixen. Die Lauchstücke in der Sauce glasieren.

7 Lauch und Sauce auf vorgewärmten Tellern anrichten. Die Kartoffelcreme in Nocken dazugeben. Die Cashews mit der Butter darauf verteilen. Die Wasserkresse abbrausen und abtropfen lassen. Alles damit garnieren.

Spinat und Mangold

Warum hasste ich als Kind den Spinat? Lag es an Mutter, die das Gemüse stundenlang totkochte, mit Mehlschwitze zum Briefbeschwerer degradierte? War es kindliche Hysterie? Ich tippe auf Mehlschwitze und Hysterie!

Mein erster Weltmeisterspinat wurde mir zu einem »bistecca alla fiorentina«, einem Ochsenkotelett, gereicht. Die klassische Begleitung ist Blattspinat mit einem Hauch Sardelle – kurz und dadurch ansehnlich gegart.

Den ersten Mangold lernte ich ebenfalls in Italien kennen. Dabei fällt mir ein: Gibt es etwas, das die Völker stärker verbindet als die gute Küche?

Schon gewusst?

- Von **März bis Mai** begeistert **Frühlings- und Sommerspinat** vom Freiland Genießer. Die zarten Blättchen lassen sich auch als Salat zubereiten. Der feinste ist der Baby-Spinat. Von **September bis November** wird **Herbst- und Winterspinat** auf unseren Feldern geerntet. Die kräftigen Blätter schmecken kurz gedünstet am besten.
- Ob mit weißen oder bunten Stielen: **Mangold** hat **von Mai bis September** Saison. In den Gemüseregalen der Supermärkte findet sich vor allem der grün-weiße Stielmangold. Unsere Urgroßmütter und -väter kannten ihn unter dem Namen **Krautstiel** und ließen ihn sich oft schmecken. Dann geriet das leicht bittere Gemüse jedoch in Vergessenheit. Seit einigen Jahren feiert der kalorienarme, aber mineralstoff- und vitaminreiche Mangold auf unseren Tellern ein Revival.
- Grünes Blattgemüse am besten **gleich genießen**. Bleibt frischer Spinat an einem warmen Sommertag nur wenige Stunden auf dem Küchentisch liegen, hat er die Hälfte vom Vitamin C verloren. Mangold hält sich im Kühlschrank, eingepackt in ein feuchtes Küchentuch, **maximal 2 Tage**.

MANGOLDROULADE MIT POLENTA

Für 4 Portionen
Zubereitungszeit: 1 Std. 10 Min.
Pro Portion: 785 kcal, 41 g E, 62 g F, 17 g KH

— Mit Kräuter-Pesto-Klecks —

2 Zwiebeln
1 kg Mangold (am besten mit bunten Stielen)
Salz
2 EL Öl
Zucker
1 Prise gemahlener Kreuzkümmel
500 g Rinderhackfleisch
Pfeffer
2 EL Butter
200 g Sahne
400 ml Milch
400 ml Gemüsebrühe
150 g Instant-Polenta (Maisgrieß)
1 Bund glatte Petersilie
1 Bund Koriandergrün
1 Knoblauchzehe
50 g Parmesan
2 EL Walnusskerne
5–8 EL Olivenöl
1 TL Speisestärke

1 Die Zwiebeln schälen und sehr fein würfeln. Vom Mangold die Blätter von den Stielen schneiden. In einem Topf reichlich Wasser mit Salz aufkochen. Die Mangoldblätter waschen, dann im sprudelnd kochenden Salzwasser sehr kurz blanchieren. Blätter in ein Sieb abgießen, eiskalt abschrecken und abtropfen lassen. Etwa 6–8 schöne, große Blätter überlappend auf einem sauberen Küchentuch ausbreiten. Die Mangoldstiele waschen, abtropfen lassen und fein schneiden.

2 Zwiebelwürfel und Mangoldstiele im Öl in einer Pfanne andünsten und mit Salz, 1 Prise Zucker und Kreuzkümmel würzen. Ein Viertel der Mischung und ein paar zarte Mangoldblättchen beiseitelegen. Die übrigen Mangoldblätter fein schneiden und mit den übrigen Stielen und dem Rinderhack mischen. Die Masse kräftig mit Salz und Pfeffer würzen. Den Backofen auf 100° vorheizen. Die Hackmasse auf die ausgelegten Mangoldblätter geben und einwickeln, sodass eine längliche Roulade entsteht.

3 Die Roulade in einer ofenfesten Pfanne in der Butter vorsichtig rundherum anbraten. Die Sahne angießen und mit etwas Salz und Pfeffer würzen. Die Roulade in der Pfanne im heißen Ofen (Mitte) ca. 25 Min. garen.

4 Währenddessen für die Polenta Milch und Brühe aufkochen und salzen. Den Maisgrieß unter Rühren in die kochende Flüssigkeit einstreuen und ca. 5 Min. köcheln und ausquellen lassen.

5 Für das Pesto Petersilie und Koriander abbrausen, trocken schütteln und die Blättchen abzupfen. Knoblauch schälen und würfeln. Parmesan fein reiben. Kräuter, Walnüsse und Knoblauch in einen Mixer geben und pürieren, dabei so viel Öl dazugießen, dass ein feines Pesto entsteht. Den Parmesan unterrühren und das Pesto mit Salz und Pfeffer abschmecken.

6 Den Polentabrei mit 1–2 EL Olivenöl abschmecken. Die Pfanne mit der gegarten Mangoldroulade aus dem Ofen nehmen, die Roulade herausnehmen und kurz warm stellen. Die Stärke mit wenig Wasser glatt rühren und in die Flüssigkeit in der Pfanne rühren. Alles unter Rühren aufkochen, bis eine cremige Sauce entstanden ist. Die Sauce abschmecken. Die Mangoldroulade aufschneiden, mit Sauce, Polenta und beiseitegelegtem Mangold anrichten. Das Pesto darüberträufeln und alles sofort servieren.

KÄSE-KNÖPFLE MIT BLATTSPINAT UND RÖSTZWIEBELN

Für 4 Portionen
Zubereitungszeit: 1 Std.
Ruhezeit: 30 Min.
Pro Portion: 695 kcal,
28 g E, 40 g F, 57 g KH

— *Schwäbische Spezialität* —

300 g Mehl
5–6 Eier (M)
Salz
150 g Blattspinat
1 Schalotte
1 Zwiebel
150 g Bergkäse (z. B. Emmentaler, Appenzeller)
3 EL Butter
150 g Sahne
Pfeffer

Außerdem
Knöpflehobel

1 Für die Knöpfle das Mehl in eine Schüssel geben, in die Mitte eine Mulde eindrücken. Zunächst 5 Eier aufschlagen und in die Mulde gleiten lassen. 1 kräftige Prise Salz dazugeben. Alles mit einem Kochlöffel vermengen und so lange schlagen, bis ein glatter Teig entstanden ist. Sollte der Teig zu fest sein, etwas lauwarmes Wasser und noch 1 Ei unterrühren. Die Schüssel mit einem Geschirrtuch bedecken und den Teig 30 Min. ruhen lassen.

2 Kurz vor Ende der Ruhezeit reichlich Wasser mit Salz in einem großen Topf zum Kochen bringen. Den Teig nach den 30 Min. portionsweise auf einen Knöpflehobel geben und ins kochende Wasser tropfen lassen. Sobald die Knöpfle gar sind, steigen sie an die Wasseroberfläche.

3 Mit einem Schaumlöffel die Knöpfle aus dem kochenden Wasser herausnehmen und kurz in eine Schüssel mit kaltem Wasser geben, anschließend in ein Sieb geben. Das Ganze wiederholen, bis der Teig aufgebraucht ist. Vom Knöpfle-Kochwasser 100 ml abmessen und zur Seite stellen.

4 Den Spinat verlesen und putzen, gründlich waschen und abtropfen lassen. Die Schalotte schälen und fein schneiden. Die Zwiebel schälen und in feine Ringe schneiden. Den Käse fein reiben.

5 In einer großen Pfanne 1 EL Butter erhitzen. Die Zwiebelringe darin goldbraun anrösten. Auf Küchenpapier abtropfen lassen.

6 1 EL Butter in der Pfanne erhitzen und die Schalottenwürfel darin andünsten. Den Spinat dazugeben und zusammenfallen lassen.

7 Den restlichen EL Butter in einer tiefen Pfanne erhitzen. Die Knöpfle darin kurz anbraten. Den Spinat mit den Schalottenwürfeln dazugeben. Das beiseitegestellte Knöpfle-Kochwasser und die Sahne untermischen.

8 Den geriebenen Käse ebenfalls unterheben. Die Mischung unter ständigem Rühren erhitzen und den Käse dabei schmelzen lassen. Alles mit Salz und Pfeffer abschmecken. Die Käse-Knöpfle auf vorgewärmten Tellern anrichten. Die Zwiebelringe darauf verteilen und alles sofort servieren.

Kohlrabi

Ich mag Kohlrabi am liebsten roh, als Snack für zwischendurch – knackig und frisch. Aber auch klassisch in Rahm zubereitet ist er für mich »schmackig«.

Die Knollen eignen sich ganz hervorragend zum Füllen, zum Beispiel vegetarisch mit einem Kartoffel-Morchel-Ragout oder sehr edel in Kombination mit Trüffel.

Schon gewusst?

- Beim Kohlrabi-Anbau sind wir **Europameister**. Kein Nachbarland erntet so viel von den kugeligen Knollen wie Deutschland. Von **Mai bis Oktober** haben sie hier Hauptsaison.
- Frischer Kohlrabi hat **grüne knackige Blätter** und ist **reich an den Vitaminen C, E und Folsäure**, enthält außerdem Kalium, Magnesium, Kupfer und Selen in nennenswerter Menge.
- Das knackige Fruchtfleisch ist immer weiß, außen können die von einer Wachsschicht überzogenen »Oberrüben« zartgrün, bläulich oder violett gefärbt sein. Das beeinflusst aber nicht den **mild-würzigen, leicht süßlichen** Geschmack.
- Vor dem Genuss die Knollen **immer schälen**. **Zarte Blättchen** dürfen dagegen mitgegessen werden.
- Im Gemüsefach des Kühlschranks lässt sich Kohlrabi **ein paar Tage** aufbewahren. Vorher die Blätter und Stängel entfernen!

RAHMKOHLRABI MIT MANDEL-KARTOFFEL-PÜREE

Für 4 Portionen
Pro Portion: 425 kcal, 9 g E, 26 g F, 37 g KH

— Mit Kräuter-Kick —

1 Für das Püree die Kartoffeln schälen, waschen und in einem Topf in gesalzenem Wasser zugedeckt in 20–30 Min. weich kochen.

2 In der Zwischenzeit für den Rahmkohlrabi vom Kohlrabi die kleinen, feinen Blättchen zurückbehalten, abbrausen und abtropfen lassen. Kohlrabi schälen und in Scheiben schneiden. Die Schalotten schälen und fein schneiden. Die Knoblauchzehe schälen und andrücken.

3 In einem Topf Olivenöl erhitzen. Schalotten und Knoblauch darin anschwitzen. Die Kohlrabischeiben dazugeben. Gemüsebrühe und Sahne angießen und Kohlrabi zugedeckt ca. 10 Min. dünsten. Inzwischen Kerbel und Estragon abbrausen, trocken schütteln und fein schneiden.

4 Für das Püree die Mandeln in einer Pfanne ohne Fett goldbraun rösten, anschließend fein hacken. Die gekochten Kartoffeln abgießen und durch eine Presse in eine Schüssel drücken.

5 Die Milch mit der Butter in einem Topf erhitzen, mit Salz und Muskat würzen. Dann die Mischung über die gepressten Kartoffeln gießen und mit einem Kochlöffel oder Gummischaber unterrühren. Zuletzt die gerösteten Mandeln unterheben und das Püree abschmecken.

6 Den Rahmkohlrabi mit Salz, Pfeffer und Muskat abschmecken, die Kohlrabiblättchen fein schneiden und mit Kerbel und Estragon untermischen. Den Rahmkohlrabi mit dem Mandel-Kartoffel-Püree anrichten.

Für das Püree
1 kg mehligkochende Kartoffeln
Salz
30 g geschälte Mandeln
100 ml Milch
50 g Butter
frisch geriebene Muskatnuss

Für den Rahmkohlrabi
600 g Kohlrabi
2 Schalotten
1 Knoblauchzehe
1 EL Olivenöl
80 ml Gemüsebrühe
80 g Sahne
3 Stängel Kerbel
2 Stängel Estragon
Salz
Pfeffer
frisch geriebene Muskatnuss

ZWEIERLEI VOM KOHLRABI MIT MINZE UND ERDNÜSSEN

Für 4 Portionen
Zubereitungszeit: 45 Min.
Pro Portion: 300 kcal, 6 g E, 25 g F, 9 g KH

— *Raffiniert gewürzt* —

1 Für das Kohlrabi-Ragout die Knollen putzen, zarte Blätter abbrausen und beiseitelegen. Kohlrabi schälen und in kleine Spalten schneiden. Die Limettenblätter abbrausen und trocken schütteln.

2 Das Rapsöl in einer Pfanne erhitzen. Die Kohlrabispalten darin bei großer Hitze goldbraun anrösten, dann mit Kohlrabisaft, Wein und Wermut ablöschen. 1 EL Misopaste, etwas Currypulver und die Limettenblätter dazugeben. Den Kohlrabi zugedeckt bei kleiner Hitze al dente schmoren.

3 Währenddessen die Limette für das Kohlrabi-Ragout und auch die Limette für den Salat heiß waschen und abtrocknen, die Schale jeweils fein abreiben und den Saft auspressen. Die beiseitegelegten Kohlrabiblätter waschen, trocken schütteln und in feine Streifen schneiden.

4 Für das Salatdressing Essig, Salz, Pfeffer, Zucker sowie Erdnuss- und Rapsöl zu einer Vinaigrette verquirlen. Den Joghurt unterrühren. Das Dressing mit Salz und etwas Limettensaft und -schale abschmecken.

5 Die Kohlrabiknollen für den Salat putzen, schälen und mit einem Gemüsespiralschneider in lange Streifen schneiden. Die Kohlrabistreifen mit dem Dressing mischen und bis zum Servieren marinieren lassen.

6 Zum Servieren die Minze abbrausen und trocken schütteln. Die Blättchen abzupfen und in feine Streifen schneiden. Die Erdnüsse hacken.

7 Die Kohlrabiblättchen unter den geschmorten Kohlrabi geben. Das Ragout nochmals mit Salz, Misopaste, Currypulver sowie ebenfalls mit Limettensaft und -schale abschmecken. Die eiskalte Butter nach und nach unterrühren und die Sauce damit binden.

8 Das Kohlrabi-Ragout in vier tiefe vorgewärmte Teller verteilen. Den marinierten Kohlrabi-Salat darauf anrichten. Erdnüsse und Minze darüberstreuen und die Kohlrabi-Variationen sofort servieren.

Für das Kohlrabi-Ragout
2 Kohlrabi mit frischem Grün
4 Kaffir-Limettenblätter
2 EL Rapsöl
300 ml Kohlrabisaft (ersatzweise heller Gemüsesaft oder Gemüsebrühe)
50 ml Weißwein
50 ml Wermut
1–2 EL helle Misopaste
1–2 TL mildes Currypulver
Salz
1 Bio-Limette
1 EL eiskalte Butter in Würfeln

Für den Kohlrabi-Salat
1 Bio-Limette
1 EL Estragon-Essig
Salz
Pfeffer
1 Prise Zucker
1 EL Erdnussöl
1 EL Rapsöl
2 EL Joghurt
250 g Kohlrabi

Zum Servieren
3 Stängel Minze
2 EL geröstete, gesalzene Erdnusskerne

Kartoffeln

Auf alles könnte ich verzichten, sogar auf Brot. Dies aber nur so lange, wie Kartoffelpüree und Kartoffelsalat nicht zu knapp werden.

In meiner unmittelbaren Heimat, der schwäbischen Alb, gibt es im Acker viele Steine – die Kartoffel mag das gar nicht. Mittlerweile hat sich vieles gebessert. Vor allem im schwäbischen Unterland und in der Rheinebene wachsen die tollsten Sorten.

Früher hieß es mehlige Kartoffeln, festkochende Kartoffeln oder halbfeste. Heutzutage ist die Sortenvielfalt geradezu unüberschaubar. Es gibt rot gefärbte, blaue Kartoffeln, Hörnle …

Nichts gegen Spätzle! Aber selbst als Schwabe muss ich zugeben: Die Kartoffel ist ein eigener kulinarischer Kosmos.

Schon gewusst?

- **Superfood** seit Jahrhunderten! Die kohlenhydratreichen Knollen liefern **Kalium, Magnesium und Eisen**, dazu die **Vitamine B1, B2 und C**. Zwar steckt nur wenig Eiweiß in Kartoffeln, dafür ist dieses besonders hochwertig, weil es unser Körper leicht in körpereigene Proteine umwandeln kann.
- Kartoffeln aus regionalem Anbau zählen zu den **klimafreundlichsten Lebensmitteln** überhaupt. **Erdäpfel** heißen sie in der Oberpfalz, Oberfranken, Niederbayern und im Erzgebirge. In der Pfalz spricht man von **Grumbeeren**.
- Frühkartoffeln werden im Mai vor allem in der Pfalz und in Baden geerntet - die besten Begleiter von frischem Spargel.
- Kartoffeln **keinesfalls in einem Plastikbeutel** aufbewahren. Sie brauchen Luft, in einer Papiertüte sind sie gut aufgehoben. Optimal ist ein **kühler, trockener und dunkler Vorratsraum**.
- Festkochende »speckige« **Sorten** enthalten wenig Stärke - perfekt für Bratkartoffeln und Salate. Mit vorwiegend festkochenden Kartoffeln lassen sich Gratins, Salz- und Pellkartoffeln gut zubereiten. Mehligkochende für Püree, Folienkartoffeln, Suppe, Eintopf oder Knödel verwenden.

BRATKARTOFFELSALAT MIT RADIESCHEN UND SPIEGELEI

Für 4 Portionen
Zubereitungszeit: 1 Std.
Abkühlzeit: mind. 1 Std.
Marinierzeit: 30 Min.
Pro Portion: 710 kcal,
11 g E, 62 g F, 28 g KH

— *Einfach lecker* —

800 g festkochende Kartoffeln
Salz
3 Schalotten
5 EL Öl
300 ml Gemüsebrühe
3 EL süßer Senf
1 EL Kräuteressig
Pfeffer
1 Bund Radieschen
1 Bund Schnittlauch
2 Laugen-Brezeln
4 EL Butter
4 Eier

1 Die Kartoffeln waschen und in einem Topf in Salzwasser zugedeckt in 20–30 Min. gar kochen. Die gegarten Kartoffeln abgießen, kurz ausdampfen lassen und noch warm pellen. Anschließend die Kartoffeln mind. 1 Std. auskühlen lassen.

2 Die Schalotten schälen und fein würfeln. Die ausgekühlten Kartoffeln in gleichmäßige Scheiben schneiden. 3 EL Öl in einer Pfanne erhitzen. Die Kartoffelscheiben darin bei mittlerer Hitze unter Wenden goldgelb und knusprig braten. Kurz bevor die Kartoffeln knusprig sind, die Schalottenwürfel dazugeben und kurz unter Wenden mitbraten. Alles aus der Pfanne nehmen und in eine Schüssel geben.

3 Für die Vinaigrette die Gemüsebrühe erwärmen. Den süßen Senf und die restlichen 2 EL Öl einrühren. Die Sauce mit Essig, Salz und Pfeffer abschmecken. Das Dressing noch warm über die Kartoffelscheiben geben und alles ca. ½ Std. ziehen lassen. Zwischendurch gelegentlich durchrühren. Dann den Salat nochmals abschmecken.

4 Die Radieschen waschen und in Stifte schneiden. Den Schnittlauch abbrausen, trocken schütteln und in feine Röllchen schneiden. Radieschenstifte und Schnittlauchröllchen unter den Bratkartoffelsalat heben.

5 Die Brezeln in feine Würfel schneiden und in 2 EL Butter in einer Pfanne unter Wenden bei mittlerer bis großer Hitze knusprig braten.

6 Die restlichen 2 EL Butter in einer weiteren Pfanne erhitzen und die Eier darin bei kleiner bis mittlerer Hitze zu Spiegeleiern braten. Die Spiegeleier mit Salz und Pfeffer würzen.

7 Den Bratkartoffelsalat auf Tellern anrichten, jeweils 1 Spiegelei daraufsetzen und die Brezel-Croûtons darüberstreuen.

KARTOFFELSUPPE MIT SPECKSTIPPE UND RÖSTBROT

Für 4 Portionen
Zubereitungszeit: 1 Std.
Pro Portion: 540 kcal,
10 g E, 34 g F, 46 g KH

— *Wärmend im Winter* —

Für die Suppe
600 g mehligkochende Kartoffeln
1 Möhre
1 Petersilienwurzel
1 Zwiebel
1 EL Olivenöl
800 ml Gemüsebrühe
80 g Sahne
Salz
Pfeffer
frisch geriebene Muskatnuss

Für das Apfelröstbrot
2 Äpfel (z. B. Boskop)
1 EL Butter
100 ml Apfelsaft
Salz
Pfeffer
80 g Bauernbrot in Scheiben
1 EL Olivenöl

Für die Speckstippe
100 g geräucherter Speck
1 Schalotte
3 Stängel Majoran
3 Stängel glatte Petersilie
2 EL Butter

1 Für die Suppe die Kartoffeln schälen und in Würfel schneiden. Die Möhre und die Petersilienwurzel schälen und ebenfalls würfeln. Die Zwiebel schälen und fein schneiden.

2 In einem Topf das Olivenöl erhitzen. Die fein geschnittene Zwiebel darin bei mittlerer Hitze anschwitzen. Möhren, Petersilienwurzel- und Kartoffelwürfel dazugeben. Die Gemüsebrühe angießen und aufkochen. Das Gemüse zugedeckt in 15–20 Min. weich kochen.

3 In der Zwischenzeit für das Apfelröstbrot die Äpfel schälen und vierteln. Die Kerngehäuse entfernen und die Apfelviertel in feine Würfel schneiden. Die Butter in einem Topf erhitzen und die Apfelwürfel darin bei mittlerer Hitze in 5–10 Min. weich schmoren. Den Apfelsaft dazugießen, aufkochen und fast vollständig einkochen.

4 Den Speck für die Stippe ohne Schwarte und Knorpel fein würfeln. Die Schalotte schälen und fein würfeln. Majoran und Petersilie abbrausen und trocken schütteln. Die Blättchen abzupfen und fein schneiden.

5 Die Butter in einer Pfanne erhitzen, die Speckwürfel darin bei großer Hitze knusprig braten. Die Schalottenwürfel dazugeben und kurz mitbraten. Zum Schluss die Kräuter untermischen.

6 Für das Röstbrot die Apfelmasse mit einem Kartoffelstampfer grob zerdrücken und mit wenig Salz und Pfeffer abschmecken. Die Brotscheiben von beiden Seiten mit dem Olivenöl bepinseln und in einer Pfanne rösten.

7 Die Kartoffelsuppe fein pürieren. Die Sahne untermischen, die Suppe nochmals aufkochen und mit Salz, Pfeffer und Muskat abschmecken.

8 Zum Servieren die Apfelmasse auf die gerösteten Brotscheiben streichen. Die Suppe in tiefen Tellern anrichten, jeweils etwas Speckstippe daraufgeben und mit dem Apfelröstbrot servieren.

WÜRZIG GEFÜLLTE KARTOFFELTASCHEN

Für 4 Portionen
Zubereitungszeit: 1 Std.
Pro Portion: 735 kcal,
22 g E, 45 g F, 59 g KH

— Mit knusprigem Topping —

1 kg mehligkochende Kartoffeln
Salz
2 Zweige Rosmarin
2 Zweige Thymian
2 rote Zwiebeln
3 EL Butterschmalz
350 g Ziegenfrischkäse
3 Möhren
2 Schalotten
4 EL Butter
1 Prise Zucker
1 Bund Schnittlauch
1 Bund glatte Petersilie
3 Eigelb
3 EL Kartoffelstärke
Pfeffer
frisch geriebene Muskatnuss
1 Brötchen

Außerdem
Mehl zum Arbeiten

1 Die Kartoffeln schälen, waschen und in einem Topf in gesalzenem Wasser zugedeckt in 20–30 Min. weich kochen. In der Zwischenzeit Rosmarin und Thymian abbrausen und trocken schütteln. Die Nadeln bzw. Blättchen abstreifen und fein schneiden.

2 Die Zwiebeln schälen, würfeln und in 1 EL Butterschmalz in einer Pfanne anschwitzen. Rosmarin und Thymian dazugeben und die Pfanne vom Herd ziehen. Den Inhalt abkühlen lassen, dann in einer Schüssel mit dem Ziegenfrischkäse verrühren. Die Masse mit Salz abschmecken.

3 Die Möhren schälen und fein würfeln. Die Schalotten schälen und fein schneiden. In einer Pfanne 2 EL Butter erhitzen. Die Schalotten darin anschwitzen. Die Möhrenwürfel dazugeben und in ca. 5 Min. bei kleiner Hitze weich dünsten. Mit Salz und Zucker würzen.

4 Schnittlauch und Petersilie abbrausen und trocken schütteln. Schnittlauch und Petersienblättchen fein schneiden. Die gekochten Kartoffeln abgießen, dann im Topf auf die noch heiße Kochstelle stellen und gut ausdampfen lassen. Anschließend die heißen Kartoffeln durch eine Presse drücken. Rasch die Eigelbe und die Stärke untermengen. Jeweils die Hälfte von Petersilie und Schnittlauch untermischen.

5 Die Kartoffelmasse mit Salz, Pfeffer und Muskat abschmecken und auf einer bemehlten Arbeitsfläche mit dem Nudelholz knapp 1 cm dick ausrollen und in ca. 7 cm große Quadrate schneiden.

6 Auf die Hälfte der Quadrate mittig die Frischkäsemasse verteilen. Übrige Kartoffelteig-Quadrate passgenau auflegen. Die Ränder gut andrücken, z. B. mit einer mehlierten Gabel. Dann die Kartoffeltaschen in einer Pfanne in den übrigen 2 EL Butterschmalz von beiden Seiten goldbraun braten.

7 Das Brötchen grob schneiden und mit übrigem Schnittlauch und Petersilie in einem Cutter fein zermahlen. In einer weiteren Pfanne die restlichen 2 EL Butter erhitzen und die Kräuterbrösel darin kurz anrösten.

8 Das Möhrengemüse auf vier Teller verteilen. Die gebratenen Kartoffeltaschen und die Kräuterbrösel darauf anrichten.

Kürbis

Meine Mutter kocht die beste Kürbissuppe der Welt. Mit Röstzwiebelchen, Schnittlauch und kleinen Pfannkuchen zum Tunken - einfach großartig! Es war immer ein Highlight, wenn meine Mutter sie für uns zubereitete. Dann freuten wir uns alle auf das Mittagessen. Den Kürbis bekamen wir meist von unseren Nachbarn, die einen kleinen Nutzgarten hatten – mit allerlei leckerem Gemüse und einer riesigen Auswahl an aromatischen Kräutern. Oft schickte uns meine Mutter mit einer Schere hin, um frischen Schnittlauch zu ernten. Natürlich mit dem Einverständnis des Nachbarn!

Das ein oder andere Mal versuchte ich schon, die Kürbissuppe meiner Mutter nachzukochen, doch das war leider nicht von Erfolg gekrönt. Mein Lieblingsrezept: Ich schneide einen Hokkaidokürbis in Spalten, würze ihn mit Salz, Pfeffer, Thymian und Knoblauch. Dann kommt er für 20 Minuten in den 185° heißen Backofen. Einfach und auch superlecker!

Schon gewusst?

- Vom Hokkaido bis zum gelben Zentner, der bis zu 50 kg wiegen kann: Botaniker zählen die dicken Verwandten der Zucchini zu den **Beerenfrüchten**.
- Ursprünglich stammt der Speisekürbis aus **Südamerika**. Karl der Große ließ angeblich **zu Beginn des 9. Jahrhunderts** in seinen Gärten Flaschenkürbisse anbauen – wohl zu medizinischen Zwecken.
- Erst **in den 90er-Jahren** kam der **Hokkaido** aus Japan nach Deutschland, heute ist er hier der beliebteste Kürbis. Die weiche Schale darf mitgegessen werden, auch die Kerne schmecken geröstet als Snack.
- In **Bayern, Baden-Württemberg, Nordrhein-Westfalen und Rheinland-Pfalz** liegen hierzulande die Hauptanbauflächen. Die Aussaat beginnt Ende April, wenn keine frostigen Nächte mehr zu erwarten sind. **Ab August bis in den November** hinein wird dann geerntet.
- Das Kürbis-Fruchtfleisch hat **keinen ausgeprägten Eigengeschmack**. Deshalb verträgt es starke Gewürze. Besonders mild schmeckt Spaghettikürbis, etwas intensiver Muskatkürbis, Butternut und Hokkaido.
- Kürbisse sind **unverwüstlich** und mit intakter Schale lange lagerfähig. Selbst bei Zimmertemperatur halten sie **monatelang**.

EINGELEGTER KÜRBIS MIT INGWER, CHILI UND SCHALOTTEN

Zutaten für 2 Gläser (à ca. 250 ml)
Zubereitungszeit: 30 Min.
Marinierzeit: 4–5 Tage
Pro Glas: 590 kcal, 3 g E, 25 g F, 68 g KH

— *Süßsauer und mit leichter Schärfe* —

100 g Schalotten
20 g frischer Ingwer
60 g eingelegter Ingwer (aus dem Glas; »Gari«)
4 EL Olivenöl
80 ml Weißweinessig
200 ml trockener Weißwein
12 EL Waldhonig
Salz
400 g Muskatkürbis
½ rote Chilischote

Außerdem
2 Einmachgläser (à ca. 250 ml)

1 Zunächst die Gläser sterilisieren. Die Schalotten schälen und in feine Würfel schneiden. Den frischen Ingwer schälen. Eingelegten Ingwer abtropfen lassen. Frischen und eingelegten Ingwer fein schneiden.

2 Das Olivenöl in einem Topf erhitzen und die Schalotten darin bei kleiner Hitze glasig dünsten. Den frischen und den eingelegten Ingwer dazugeben. Die Hitze erhöhen. Alles mit dem Essig ablöschen und kurz einköcheln lassen, dann den Wein angießen und alles ca. 1 Min. köcheln lassen. Den Sud mit dem Honig und etwas Salz abschmecken.

3 Den Kürbis schälen, Kerne und lose Fasern herauslösen und entfernen. Das Fruchtfleisch in ca. 3 mm feine Würfel schneiden. Die Kürbiswürfelchen unter den Weinsud mischen und zugedeckt einmal aufkochen.

4 Die Chilihälfte waschen, Kerne und Trennwände entfernen. Das Fruchtfleisch fein würfeln und unter den Kürbis mischen.

5 Die Kürbiswürfel inklusive Sud kochend heiß in die Gläser bis zum Rand füllen und sofort dicht verschließen. Die Gläser auskühlen lassen. Den eingelegten Kürbis mind. 4–5 Tage durchziehen lassen, dann servieren, z. B. zu Blauschimmelkäse. Der eingelegte Kürbis hält sich fest verschlossen im Glas und kühl und dunkel gelagert ca. 6 Monate. Die Gläser nach dem Öffnen im Kühlschrank aufbewahren.

KÜRBIS-APFEL-SUPPE MIT KOKOSMILCH UND INGWER

Für 4 Portionen
Zubereitungszeit: 45 Min.
Pro Portion: 280 kcal, 4 g E, 23 g F, 16 g KH

— *Veganer Genuss* —

350 g Kürbisfruchtfleisch (z. B. Muskatkürbis; geputzt gewogen)
1 Zwiebel
1 kleine Kartoffel
1 größerer Apfel (ca. 200 g)
50 g frischer Ingwer
1 EL Kokosöl
500 ml Gemüsebrühe
300 g Kokosmilch
Salz
frisch geriebene Muskatnuss
2 EL Kürbiskerne
20 ml Kürbiskernöl

1 Das Kürbisfruchtfleisch putzen und in Stücke schneiden. Die Zwiebel und die kleine Kartoffel schälen und grob würfeln.

2 Den Apfel schälen, das Kerngehäuse entfernen und das Fruchtfleisch in Stücke schneiden. Ingwer schälen und fein hacken.

3 Das Kokosöl in einem Topf erhitzen, Zwiebelwürfel und Ingwer dazugeben und kurz bei mittlerer Hitze andünsten. Kürbis-, Kartoffel- und Apfelstücke dazugeben. Die Temperatur reduzieren und alles bei kleiner Hitze 4–5 Min. andünsten. Dann Gemüsebrühe und Kokosmilch angießen und aufkochen. Alles ca. 30 Min. bei mittlerer Hitze köcheln lassen.

4 Die weich gegarten Gemüse- und Apfelstücke in der Brühe-Kokosmilch-Mischung mit dem Pürierstab fein pürieren. Die Suppe nochmals kurz aufkochen, dann nach Belieben durch ein feines Sieb passieren. Die Kürbis-Apfel-Suppe mit Salz und Muskatnuss abschmecken.

5 Kurz vor dem Servieren die Kürbiskerne in einer Pfanne ohne Fett rösten. Die Suppe mit dem Pürierstab nochmals luftig aufschlagen und in vorgewärmten Schälchen anrichten. Die Kürbiskerne darüberstreuen, das Kürbiskernöl darüberträufeln und die Suppe servieren.

KÜRBIS-RAVIOLI AUF FRISCHEM BLATTSPINAT

Für 4 Portionen
Zubereitungszeit: 1 ½ Std.
Pro Portion: 380 kcal,
16 g E, 14 g F, 46 g KH

— *Glücksbringer im Herbst* —

Für den Nudelteig
100 g Mehl (Type 405 oder italienisches Pastamehl Tipo 00)
100 g Hartweizengrieß
1 Ei
Salz

Für Kürbis und Spinat
1 Hokkaido-Kürbis
Salz
Pfeffer
2 Zwiebeln
2 EL Öl
1 Prise Kreuzkümmel
1 Prise gemahlene Kurkuma
Zucker
2 Eier
400 g zarter Blattspinat
1 Knoblauchzehe
1 EL Butter + 1–2 EL eiskalte Butter
frisch geriebene Muskatnuss

Außerdem
Mehl zum Arbeiten
Kugelausstecher
Spritzbeutel mit mittlerer Tülle
Nudelmaschine

1 Mehl und Grieß mischen. Das Ei mit 100 ml Wasser und 1 Prise Salz verquirlen und unterkneten, bis ein glatter Nudelteig entsteht. Teig in Folie wickeln und mind. 30 Min. ruhen lassen. Inzwischen den Kürbis putzen, waschen, trocken reiben und halbieren. Kerne und lose Fasern herauslösen und in einen Topf geben. Aus dem Kürbisfleisch Kugeln ausstechen. Übriges Kürbisfleisch samt Schale in Stücke schneiden. Die Kerne und Fasern im Topf mit Wasser bedecken, alles aufkochen und köcheln lassen, bis die Kerne weich sind, dann in einen zweiten Topf passieren. Die Kerne abtropfen lassen, in einer Pfanne ohne Fett rösten, auskühlen lassen und hacken. Die Kürbisbrühe salzen, pfeffern und aufkochen. Die Kürbiskugeln darin leicht bissfest garen, dann aus der Brühe nehmen.

2 Zwiebeln schälen, würfeln und die Hälfte davon im Öl anbraten. Kürbisstücke dazugeben und mit Salz, Kreuzkümmel und Kurkuma würzen. Etwas Kürbisbrühe angießen und aufkochen. Kürbisstücke in 10–15 Min. zugedeckt weich schmoren, dann abtropfen lassen und pürieren. Kürbiskerne unterrühren. Das Püree mit Salz, Pfeffer und 1 Prise Zucker abschmecken und abkühlen lassen. In einen Spritzbeutel füllen.

3 Die Eier trennen. Die Eigelbe kalt stellen. Nudelteig in Portionen mit einer Nudelmaschine zu breiten, langen Bahnen ausrollen. Kürbismasse auf einer Längsseite mit etwas Abstand zum Teigrand in kleinen Häufchen aufspritzen. Übrige Teigseite dünn mit Eiweiß bestreichen, über die Füllung klappen und den Teig rund um die Püreehäufchen gut an- und vorsichtig flach drücken. Mit einem Teigrädchen Ravioli ausschneiden.

4 Den Spinat verlesen und putzen, gründlich waschen und trocken schleudern. Knoblauch schälen, halbieren und mit den übrigen Zwiebelwürfeln in einer Pfanne in 1 EL Butter andünsten. Den Spinat dazugeben und zusammenfallen lassen. Mit Salz, Pfeffer und Muskat würzen.

5 Ravioli in reichlich kochendem Salzwasser portionsweise 2–3 Min. garen. Inzwischen übrige Kürbisbrühe mit Salz und Zucker abschmecken, die eiskalte Butter untermixen. Die Eigelbe mit etwas Kürbisbrühe verquirlen, dann unter Rühren unter die heiße Kürbisbrühe quirlen und binden. Gegarte Ravioli jeweils aus dem kochenden Wasser heben und abtropfen lassen. Mit Spinat, Kürbiskugeln und etwas Brühe anrichten.

Pilze

Die größte Pflanze auf Erden ist ein Pilzgeflecht, das sich – eigentlich nicht sichtbar – unter der Erde ausbreitet. Für die Fortpflanzung werden vom unterirdischen Myzel die wunderbaren Pilze ans Licht geschoben.

Mit großer Freude denke ich an das Pilzsuchen mit meinen Eltern und später auch mit Freunden. Die Vielfalt der Pilze ist unermesslich, und – Gottseidank – gibt es Spezialisten, denen man seine Beute vorführen kann.

Wer Pilze hat, der braucht kein Fleisch. Die bekanntesten sind die Pfifferlinge (das Wort kommt von Pfeffer), denn sie haben eine unterschwellige Schärfe und sind in vielerlei Zubereitungen nicht nur eine Bereicherung, sondern geben ihnen eine eigene charakteristische Note.

Der Steinpilz ist für mich sowieso der König der Tafel und man kann ihn unterschiedlich zubereiten. Einfach in Butter gebraten ist er sich jedoch bereits selbst genug und eine Köstlichkeit.

Schon gewusst?

- Wenig Kalorien, kaum Fett, hochwertiges Eiweiß, dazu reichlich B-Vitamine und vollmundiger Geschmack – Pilze haben **viele Vorzüge**.
- Rund ums Jahr wachsen **Zuchtpilze** auf substratreichem Stroh oder Sägemehl. Da sie das Licht scheuen, gedeihen sie am besten in dunklen Gewölben, Kellern oder klimatisierten Hallen.
- Im Sommer beginnt die **Wildpilzsaison** mit den ersten Pfifferlingen. Ab August sprießen dann die Steinpilze in Nadel- und Buchenwäldern.
- **Champignons** können auf 1001 Art zubereitet werden. Sie gehören zu den wenigen Pilzen, die man auch roh genießen darf.
- **Kräuterseitlinge** punkten mit einem Aroma, das an Steinpilze heranreicht. Nahe Verwandte mit besonderer Note sind Kastanien- und Zitronenseitlinge sowie Austernpilze, deren Geschmack an Kalbfleisch erinnert.
- Die »Schwammerl«, wie Pilze in Bayern heißen, saugen sich schnell mit Wasser voll. Deshalb die aromatischen Aufsteiger **nicht abbrausen**, sondern nur mit einem (feuchten) Tuch abwischen oder mit einem Pinsel reinigen.
- Übrig gebliebene, gegarte Pilze **schnell abkühlen lassen** und keinesfalls länger als 1 Tag (im Kühlschrank!) aufheben. Pilze nie warm halten!

STEINPILZE MIT OFEN-KARTOFFELN UND PARMESANCREME

Für 4 Portionen
Zubereitungszeit: 45 Min.
Pro Portion: 550 kcal,
12 g E, 50 g F, 14 g KH

— *Feiner Herbstgenuss* —

350 g kleine Kartoffeln (z. B. Drillinge)
5 EL Olivenöl
Salz
Pfeffer
400 g Steinpilze (ersatzweise Champignons oder Kräuterseitlinge)
1 Schalotte
3 EL Butter
40 g Parmesan
200 g Sahne
1 Prise Cayennepfeffer

Für das Basilikumöl
½ Bund Basilikum
50 ml Olivenöl

1 Den Backofen auf 180° vorheizen. Die Kartoffeln gründlich waschen und halbieren. Die Kartoffelhälften mit der Schale mit ca. 3 EL Olivenöl, Salz und Pfeffer mischen und auf einem Backblech verteilen. Die Kartoffeln in ca. 25 Min. im heißen Ofen (Mitte) knusprig backen.

2 Die Steinpilze putzen, mit einem Tuch säubern und in ca. 2 cm große Stücke schneiden. Die Schalotte schälen und fein würfeln.

3 Die restlichen 2 EL Olivenöl in einer Pfanne erhitzen und die Pilze darin bei mittlerer Hitze goldgelb anbraten. Die Schalottenwürfel und Butter zu den Pilzen geben und mit andünsten.

4 Für die Parmesancreme den Parmesan reiben. Die Sahne mit dem geriebenen Parmesan, je 1 Prise Salz, Pfeffer und Cayennepfeffer in ein hohes Gefäß geben und mit dem Pürierstab schaumig aufschlagen.

5 Für das Basilikumöl das Basilikum abbrausen, trocken schütteln und die Blättchen abzupfen, einige schöne Blättchen zum Garnieren beiseitelegen. Das restliche Basilikum mit dem Olivenöl in einen hohen Rührbecher geben und mit dem Pürierstab fein zerkleinern.

6 Ofenkartoffeln und gebratene Pilze auf vier Tellern anrichten und mit dem Basilikumöl beträufeln. Die Parmesancreme in kleinen Klecksen am Rand verteilen und alles mit den Basilikumblättchen garnieren.

„

Steinpilze sind mir die wertvollsten. Der Umgang mit ihnen fordert deshalb alle Hingabe. Wichtig ist, dass der einzigartige Geschmack nicht beeinträchtigt wird.

PILZRAGOUT MIT BREZELKNÖDELN

— *Bayerisches Schmankerl* —

Für 4 Portionen
Zubereitungszeit:
1 Std. 30 Min.
Pro Portion: 430 kcal,
12 g E, 26 g F, 34 g KH

Für die Brezelknödel
250 g Laugenstangen vom Vortag
150 ml Milch
1 kleine Zwiebel
2 Stängel glatte Petersilie
3 EL Butter
2 Eier
frisch geriebene Muskatnuss
Salz
Pfeffer

Für das Pilzragout
300 g gemischte Pilze (z. B. Steinpilze, Pfifferlinge, Champignons)
1 Zwiebel
1 Knoblauchzehe
2 Stängel glatte Petersilie
1 TL Butter
100 ml trockener Weißwein
200 g Sahne
Salz
Pfeffer
1 Spritzer Zitronensaft

1 Für die Knödel das Salz von den Laugenstangen abstreifen, die Stangen in ca. 5 mm große Würfel schneiden und in eine große Schüssel geben. Die Milch aufkochen und über die Laugenwürfel gießen. Die Mischung zugedeckt ca. 20 Min. ziehen lassen. Inzwischen die Zwiebel schälen und fein würfeln. Die Petersilie abbrausen, trocken schütteln und fein schneiden.

2 1 EL Butter in einer Pfanne aufschäumen lassen, die Zwiebel darin glasig anschwitzen und dann zu den eingeweichten Laugenstangen geben. Eier leicht verquirlen und darübergießen. Petersilie dazugeben. Alles mit Muskat, Salz und Pfeffer würzen und gut vermengen.

3 Die Knödelmasse mit angefeuchteten Händen zu einem 4 cm dicken Strang formen, dann auf Frischhaltefolie legen und zu einer Rolle formen. Die Enden straff eindrehen, verknoten und in ein Geschirrtuch einwickeln. Die Enden mit Küchengarn gut verschließen.

4 Reichlich Wasser in einem großen Topf aufkochen. Die Hitze reduzieren. Die Knödelrolle im siedenden Wasser ca. 30 Min. garen.

5 In der Zwischenzeit für das Pilzragout alle Pilze putzen. Die Steinpilze und Champignons mit einem Tuch, die Pfifferlinge mit einem Pinsel säubern. Dann die Pilze grob in Stücke schneiden. Zwiebel und Knoblauch schälen und fein würfeln. Petersilie abbrausen und trocken schütteln. Die Blättchen abzupfen und fein schneiden.

6 Die Butter in einer Pfanne erhitzen und die Pilze darin bei großer Hitze anbraten. Die Zwiebel- und Knoblauchwürfel dazugeben und mitbraten, bis alles Farbe angenommen hat. Die Pilzmischung mit dem Weißwein ablöschen und die Flüssigkeit einkochen. Dann die Sahne dazugießen. Alles mit Salz und Pfeffer würzen und sämig einkochen.

7 Die gegarte Knödelrolle aus dem Wasser heben, auswickeln und in dicke Scheiben schneiden. Die restlichen 2 EL Butter in einer Pfanne erhitzen. Knödelscheiben darin von beiden Seiten knusprig anbraten.

8 Das Pilzragout mit Zitronensaft verfeinern, die gehackte Petersilie untermengen und das Ragout mit den Brezelknödeln anrichten.

PILZ-TOMATEN-SALAT MIT FRISCHKÄSE

Für 4 Portionen
Zubereitungszeit: 30 Min.
Pro Portion: 210 kcal, 7 g E, 17 g F, 6 g KH

— *Vegetarischer Snack* —

400 g kleine feste Kräuterseitlinge (in der Pilzsaison Pfifferlinge)
2 Schalotten
1 EL Butter
Salz
6 reife Tomaten
1 Bund Schnittlauch
150 g Ziegenfrischkäse
1 Spritzer Zitronensaft
2 EL Aceto balsamico bianco
3 EL Olivenöl
Pfeffer

1 Die Kräuterseitlinge putzen und je nach Größe halbieren oder vierteln. Die Schalotten schälen und in feine Würfel schneiden.

2 In einer Pfanne die Butter erhitzen. Die Schalottenwürfel kurz darin anschwitzen, dann die Kräuterseitlinge dazugeben und 3–4 Min. anbraten. Die Pilze salzen, aus der Pfanne nehmen und kalt stellen.

3 Die Tomaten einritzen, mit kochendem Wasser überbrühen und kurz darin ziehen lassen, dann in ein Sieb abgießen, eiskalt abschrecken und häuten. Die gehäuteten Tomaten vierteln. Stielansätze und Kerne entfernen und das Fruchtfleisch in Würfel schneiden.

4 Den Schnittlauch abbrausen, trocken schütteln und in feine Röllchen schneiden. Den Ziegenfrischkäse mit der Hälfte vom Schnittlauch glatt rühren und mit Salz und Zitronensaft abschmecken.

5 Balsamico und Olivenöl in einer Schüssel vermischen und mit Salz und Pfeffer würzen. Gebratene Pilze, Tomatenwürfel und restlichen Schnittlauch dazugeben und alles locker vermischen.

6 Den Pilz-Tomaten-Salat auf vier Teller verteilen. Vom Schnittlauch-Ziegenfrischkäse mit zwei Löffeln Nocken abstechen und diese jeweils auf oder neben dem Pilz-Tomaten-Salat anrichten.

RAHMPFIFFERLINGE MIT FEINEN CRÊPES

Für 4 Portionen
Zubereitungszeit: 45 Min.
Pro Portion: 590 kcal,
12 g E, 47 g F, 26 g KH

— *Spätsommer-Highlight* —

Für die Crêpes
50 g Butter
100 g Mehl
250 ml Milch
2 Eier
Salz
Butterschmalz zum Ausbacken

Für die Pfifferlinge
2 Schalotten
½ Bund glatte Petersilie
400 g Pfifferlinge
2 EL Butter
1 TL Mehl
100 ml Weißwein (ersatzweise Gemüsebrühe)
250 g Sahne
Salz
Pfeffer

1 Für die Crêpes die Butter schmelzen. Das Mehl mit der Milch, den Eiern und der flüssigen Butter in einer Schüssel gut verrühren. Den Teig mit 1 Prise Salz würzen und ca. 30 Min. quellen lassen.

2 Inzwischen für die Pfifferlinge die Schalotten schälen und fein schneiden. Petersilie abbrausen, trocken schütteln und fein schneiden.

3 Die Pfifferlinge putzen und sorgfältig mit einem Pinsel säubern. (Oder die Pilze in einer Schüssel mit 2–3 EL Mehl vermengen. Das Mehl bindet den Schmutz. Die Pilze anschließend in ein Sieb geben, unter fließendem Wasser abbrausen und auf einem sauberen Küchentuch trocken tupfen.) Die Pilze halbieren oder vierteln. Den Backofen auf 60° vorheizen.

4 In einer Pfanne für die Crêpes jeweils etwas Butterschmalz erhitzen. Etwas Teig hineingeben, gut in der Pfanne verteilen und unter Wenden zu einem dünnen Crêpe ausbacken. Diesen Vorgang wiederholen und nach und nach dünne Crêpes ausbacken, bis der Teig verbraucht ist. Die fertigen Crêpes auf einem Teller im heißen Ofen (Mitte) warm halten.

5 Für die Rahmpfifferlinge die Butter in einer Pfanne erhitzen. Die Schalotten darin anschwitzen. Dann die Hitze leicht erhöhen. Die Pilze in die Pfanne geben und kurz darin anbraten. Die Pilze mit Mehl bestäuben und mit Weißwein ablöschen. Die Sahne angießen und alles unter ständigem Rühren 3–5 Min. kochen lassen.

6 Die Petersilie unter die Pilze mischen. Die Rahmpfifferlinge mit Salz und Pfeffer abschmecken und mit den Crêpes servieren.

NUDEL-FRITTATA MIT PFIFFERLINGEN

— *Einfach gut* —

Für 4 Portionen
Zubereitungszeit: 45 Min.
Nährwert: Pro Portion:
565 kcal, 26 g E, 30 g F,
49 g KH

Salz
250 g Hörnchennudeln
2 Schalotten
½ Bund Schnittlauch
½ Bund glatte Petersilie
300 g frische Pfifferlinge (ersatzweise andere Pilze, z. B. Champignons oder Egerlinge)
2 EL Öl
Pfeffer
4 Eier
80 ml Milch
1 Salatgurke
3 EL Sonnenblumenöl
2 EL Weißweinessig
1 Bund Dill
1 EL Butter
200 g geschälte Nordseekrabben
1 Spritzer Zitronensaft

1 Reichlich Wasser mit Salz in einem großen Topf aufkochen. Die Hörnchennudeln darin nach Packungsanweisung bissfest kochen, dann in ein Sieb abgießen und gut abtropfen lassen.

2 Inzwischen die Schalotten schälen und fein würfeln. Schnittlauch und Petersilie abbrausen und trocken schütteln. Petersilienblättchen abzupfen und fein schneiden, den Schnittlauch in feine Röllchen schneiden. Die Pfifferlinge putzen und mit einem Pinsel säubern.

3 In einer großen Pfanne das Öl erhitzen. Die Pilze mit den Schalotten darin bei mittlerer Hitze anbraten und mit Salz und Pfeffer würzen. Schnittlauch, Petersilie und die Nudeln zu den Pilzen geben.

4 Die Eier mit der Milch verquirlen und mit Salz und Pfeffer würzen. Die Eiermischung über Nudeln und Pilze in der Pfanne gießen (s. Tipp), dabei darauf achten, dass die Mischung gut in der Pfanne verteilt wird. Die Eiermischung zugedeckt bei mittlerer Hitze stocken lassen.

5 In der Zwischenzeit die Gurke waschen, putzen und abtrocknen. Gurke in feine Scheiben hobeln und in eine Schüssel geben. Die Scheiben mit Salz und Pfeffer würzen, Sonnenblumenöl und Essig dazugeben und alles gut vermengen. Den Dill abbrausen und trocken schütteln. Die Spitzen fein schneiden und unter den Gurkensalat mischen.

6 Die Butter in einer zweiten Pfanne erhitzen und die Nordsseekrabben darin unter Rühren erhitzen, aber nicht zu stark braten. Zum Schluss die Krabben mit dem Zitronensaft beträufeln.

7 Die fertige Nudel-Frittata vorsichtig vom Pfannenrand lösen und auf einen großen Teller gleiten lassen. Die Frittata wie eine Torte in Stücke schneiden und die Stücke auf vier Tellern anrichten. Die Krabben darüberstreuen und den Gurkensalat dazu servieren.

MEIN TIPP: *Statt die Frittata in der Pfanne zu garen, können Sie die Eiermischung mit Nudeln und Pilzen auch in eine mit einem Backpapier ausgelegte runde Auflaufform geben und im 200° heißen Ofen in ca. 20 Min. stocken lassen.*

Wurzelgemüse

Sellerie, Möhre, Petersilienwurzel, Pastinake, Steckrübe, Rote Bete – ich liebe sie alle! Ich wuchs in einem Dorf bei Frankfurt am Main auf. Es war umringt von Bauernhöfen, die unter anderem auch Möhren anbauten. Sobald die Möhren (bei uns hießen sie Karotten) erntereif waren, fuhren wir auf unseren Rädern an den Feldrand und stibitzten uns eine. Die Möhre wurde nur etwas abgerieben und dann gleich gegessen – lecker!

Die kleinen Kostbarkeiten aus der Erde sind wahre Zauberkünstler. Wurzelgemüse ist stark im Geschmack und braucht ebenso starke Begleiter. Sellerie, Möhre und Petersilienwurzel verwende ich für Schmorgerichte und kräftige Suppen.

Aber auch Rohkostsalate gelingen super mit Wurzelgemüse, vor allem mit Roter Bete. Die meisten kennen die tiefroten Knollen nur vorgekocht oder sauer eingelegt. Rohe Rote Bete hat einen besonders erdigen und intensiven Geschmack. Solch ein Salat passt hervorragend zu Wild- und Lebergerichten sowie zu Blauschimmelkäse.

Schon gewusst?

- Die **lange unterschätzten oder fast vergessenen** Wurzeln wie Steckrübe, Rote Bete oder Petersilienwurzel avancierten zuletzt zum Trend-Food: als Ofengemüse, Gemüse-Bandnudeln oder auch fermentiert.
- Bis zum 18. Jahrhundert wurde Sellerie nur in Hof- und Klostergärten kultiviert – vielleicht, weil man den würzigen Knollen **Heilkräfte** und eine aphrodisierende Wirkung nachsagte.
- **Pastinaken und Petersilienwurzeln** sehen sich zum Verwechseln ähnlich. Der Unterschied: Bei der Petersilienwurzel ragt der Stielansatz hinaus, bei der Pastinake ist er eher nach innen gewölbt.
- Möhren liefern mit ihrem orangefarbenen Farbstoff sehr viel Beta-Carotin, das unser Körper leicht in Vitamin A umwandeln kann. Auch in Rote Bete steckt der **Zauberstoff**.
- Alle **Wurzelgemüse sind robust** und bringen auch im Winter gesunde Nährstoffe ins Essen. Gut verpackt lassen sich Möhren, Sellerie & Co. im Gemüsefach des Kühlschranks bis zu zwei Wochen aufheben. Bei Bundmöhren zuvor das frische Grün entfernen!

GRÜNKERN-PUFFER MIT GLASIERTEN KRÄUTER-MÖHREN

Für 4 Portionen
Zubereitungszeit: 1 Std.
Pro Portion: 700 kcal,
48 g KH , 23 g E, 46 g F

— *Schön deftig* —

1 Die Gemüsebrühe in einem Topf aufkochen. Grünkernschrot untermischen und 10 Min. bei kleiner Hitze quellen lassen.

2 In der Zwischenzeit die Zwiebel schälen und würfeln. Speck ebenfalls fein würfeln. Die Kräuter waschen und trocken schütteln. Die Petersilien- und Thymianblättchen abzupfen bzw. abstreifen und fein schneiden. Den Schnittlauch in feine Röllchen schneiden.

3 1 EL Butter in einer Pfanne erhitzen. Die Zwiebel- und Speckwürfel darin anschwitzen, dann beiseitestellen.

4 Die Hälfte der Thymian- und Petersilienblättchen sowie die gemahlenen Mandeln unter den gequollenen Grünkern mischen. Dann den Topf vom Herd nehmen und den Inhalt etwas auskühlen lassen.

5 Die Möhren schälen und in dünne Scheiben schneiden. Die Schalotten schälen und fein würfeln. 2 EL Butter in einem Topf erhitzen. Schalottenwürfel, Puderzucker und Möhrenscheiben dazugeben, andünsten und den Zucker karamellisieren lassen, dann die Möhren mit Mineralwasser ablöschen und zugedeckt bei kleiner Hitze ca. 5 Minuten köcheln lassen.

6 Eier und Eigelbe unter die Grünkernmasse arbeiten und alles mit Salz und Pfeffer würzen. Aus der Masse kleine Bällchen formen, diese etwas flacher drücken und mit der Speck-Zwiebel-Mischung füllen.

7 Das Butterschmalz in einer großen Pfanne erhitzen. Die vorbereiteten Grünkern-Puffer bei kleiner bis mittlerer Hitze auf jeder Seite in 3–5 Min. goldbraun braten. Das Möhrengemüse mit 2 EL Butter binden, mit Salz und Pfeffer abschmecken und die restlichen Kräuter untermischen. Die Grünkern-Puffer mit den glasierten Kräuter-Möhren anrichten.

600 ml Gemüsebrühe
200 g Grünkernschrot
1 große Zwiebel
100 g geräucherter Speck
1 kleines Bund glatte Petersilie
4 Zweige Thymian
1 Bund Schnittlauch
5 EL Butter
100 g gemahlene Mandeln
600 g Möhren
2 Schalotten
2 EL Puderzucker
200 ml Mineralwasser
2 Eier
2 Eigelb
Salz
Pfeffer
4 EL Butterschmalz zum Braten

MEIN TIPP: *Dazu passt gut ein Schnittlauchquark. Dafür 250 g Magerquark mit ca. 120 ml Milch und 1 EL Olivenöl glatt rühren. 3–4 EL Schnittlauchröllchen untermengen. Den Quark mit Salz und Pfeffer abschmecken.*

BETE-CARPACCIO MIT ORANGEN-OLIVENÖL-EMULSION

Für 4 Portionen
Zubereitungszeit: 45 Min.
Pro Portion: 395 kcal,
22 g KH, 9 g E, 29 g F

— Leichte Gemüseküche —

Für das Carpaccio
2 Rote Beten
2 Gelbe Beten
Salz
Zucker

Für die Orangen-Olivenöl-Emulsion
1 EL Zucker
5 EL trockener Weißwein
100 ml Orangensaft
1 Kardamomkapsel
1 Gewürznelke
100 ml Olivenöl
1 Orange
Salz

Für den Rote-Bete-Quark
200 g Quark
¼ Rote Bete
1 TL Leinöl
Salz
Pfeffer

Außerdem
1 Handvoll Kresseblättchen (z. B. Shiso-Kresse oder Daikon-Kresse) zum Garnieren

1. Für das Carpaccio die roten und gelben Beteknollen schälen und getrennt in feine Scheiben schneiden oder hobeln. Jeweils mit etwas Salz und 1 Prise Zucker bestreuen und 20 Min. ziehen lassen.

2. Für die Orangen-Olivenöl-Emulsion den Zucker in einer kleinen Pfanne karamellisieren. Karamell mit Wein ablöschen und unter Rühren lösen. Orangensaft, Kardamom und die Gewürznelke dazugeben. Alles einmal aufkochen. Dann Kardamom und Gewürznelke wieder entfernen. Das Olivenöl nach und nach mit einem Pürierstab unter den Fond mixen.

3. Die Orange großzügig schälen, sodass auch die weiße Haut mit entfernt wird. Die Filets mit einem spitzen Messer zwischen den einzelnen Trennhäuten herausschneiden und etwas zerpflücken.

4. Die Orangenstückchen unter die Olivenöl-Emulsion mischen und die Emulsion mit etwas Salz abschmecken.

5. Die mit Salz und Zucker marinierten Betescheiben abwechselnd dachziegelartig auf vier Tellern anrichten. Die Orangen-Olivenöl-Emulsion mit den Orangenstückchen darüberträufeln.

6. Den Quark in eine Schüssel geben. Das Rote-Bete-Viertel schälen und auf einer feinen Reibe in den Quark hobeln. Alles gründlich verrühren und mit dem Leinöl, Salz und Pfeffer abschmecken.

7. Das Carpaccio mit den Kresseblättchen garnieren. Den Rote-Bete-Quark daneben anrichten. Dazu passt z. B. herzhaftes Nussbrot.

BUNTE GEMÜSE- UND BANDNUDELN

— *Wunderbare Winter-Pasta* —

Für 4 Portionen
Zubereitungszeit:
1 Std. 30 Min.
Pro Portion: 580 kcal,
18 g E, 28 g F, 65 g KH

3 Stängel glatte Petersilie
1 Ei
200 g Hartweizengrieß oder Hartweizenmehl
100 g Mehl
Salz
300 g Knollensellerie
300 g Steckrübe
250 g Möhren
1 Lorbeerblatt
1 Zwiebel
100 g Raclettekäse
3 EL Butter
1 EL Speisestärke (z. B. Maisstärke)
50 g Sahne
2 Stängel Majoran
frisch geriebene Muskatnuss
1 Knoblauchzehe

Außerdem
Nudelmaschine

1 Für die Bandnudeln die Petersilie abbrausen und trocken schütteln. Die Blättchen abzupfen, grob schneiden und mit dem Ei fein pürieren. Weizengrieß und Mehl in die Rührschüssel der Küchenmaschine geben. Kräuter-Ei-Mischung, 1 Prise Salz und so viel Wasser (ca. 50 ml) unterkneten, dass ein geschmeidiger, aber fester Nudelteig entsteht. Teig zu einer Kugel formen und abgedeckt mind. 30 Min. ruhen lassen.

2 Sellerie, Steckrübe und Möhren waschen, putzen und schälen. Gemüseabschnitte beiseitelegen. Sellerie und Steckrübe in ca. 1 ½ cm dicke Scheiben schneiden, davon mit einem Sparschäler lange, dünne Bänder abziehen. Die Möhren längs mit dem Sparschäler in dünne Streifen schneiden.

3 Die beiseitegelegten Gemüseabschnitte mit ca. 250 ml Wasser in einen Topf geben. Salz und Lorbeerblatt dazugeben. Alles aufkochen und offen bei kleiner Hitze zu einer Gemüsebrühe kochen. Inzwischen die Zwiebel schälen und würfeln. Den Käse fein reiben.

4 Den Nudelteig portionsweise mit der Nudelmaschine dünn ausrollen und zu unregelmäßigen breiten Nudeln schneiden.

5 Für die Sauce die Zwiebelwürfel in 1 EL Butter anschwitzen. Die Stärke darüberstreuen, die Sahne angießen und alles gut verrühren. Die selbst gekochte Brühe durch ein Sieb dazugießen und alles offen bei kleiner Hitze 3–5 Min. köcheln lassen. Inzwischen den Majoran abbrausen, trocken schütteln und die Blättchen abzupfen. Die Sauce vom Herd ziehen, mit Käse und Majoran mischen und mit Salz und Muskat abschmecken.

6 Die Nudeln portionsweise in sprudelnd kochendem Salzwassser ca. 2 Min. garen. Mit einem Schaumlöffel herausnehmen, kurz mit kaltem Wasser abbrausen und abtropfen lassen. Dann die Gemüsestreifen ins sprudelnd kochende Nudelwasser geben und kurz darin blanchieren. Die Gemüsenudeln in ein Sieb abgießen und abtropfen lassen.

7 In einer großen Pfanne die übrigen 2 EL Butter schmelzen, Knoblauch andrücken und dazugeben. Bandnudeln und Gemüsestreifen in der Pfanne schwenken und erhitzen. Zum Anrichten den Knoblauch entfernen. Den Nudelmix in vier tiefe Teller verteilen und die Käsesauce darübergießen.

Kohl und Kraut

Nirgends wird so viel Kohl gegessen wie in Asien. Dort aber riecht es nicht nach Kohl, nach dem grauenhaften Mief, der mir die Jugend in der Klosterschule verdarb. In Asien wird Kohl sehr schnell gekocht, und da bei uns sogar roher Krautsalat auf den Tisch kommt, ist das ein Indiz, dass man ihn keinesfalls unendlich weich kochen muss.

Ganz schlimm für mich ist das seltsame Gerücht, dass Kohl mit jedem Aufwärmen besser schmeckt. Na ja, die Geschmäcker sind verschieden.

Schon gewusst?

- Von der »friesischen Palme« zum Superfood: **Grünkohl** machte in New York unter dem Namen »kale« Karriere, und so wurden Feinschmecker und gesundheitsbewusste Esser überall bei uns auf ihn aufmerksam. Immerhin hält er beim Vitamin C eine Spitzenposition unter den Gemüsesorten.
- Auch **Wirsing** wurde lange unterschätzt, dabei hat der Krauskopf besonders fein-aromatischen Geschmack und ebenfalls Vitamine und Mineralstoffe zu bieten, vor allem in den äußeren dunkelgrünen Blättern.
- Ab April gibt es frisch geernteten **Spitzkohl** am Gemüsestand. Mit seinen zarten Blättern und seinem eher dezenten Kohlaroma ist er eine Weißkohl-Variante für »Kraut-Einsteiger«. Der rundliche **Weißkohl** dagegen schmeckt kräftiger und hat vor allem im Herbst und Winter Saison.
- Für **Rohkostsalate** Rotkohl, Spitzkohl oder Weißkohl ohne den Strunk in feine Streifen hobeln, mit Salz mischen und dann mit den Händen einige Minuten durchkneten oder mit der Faust stampfen. Das bricht die Zellstruktur auf und macht den Krautsalat bekömmlicher.
- Die walnussgroßen Röschen des **Rosenkohls** sind nichts anderes als Mini-Kohlköpfe. Sie sorgen im Winter für frische Vitamine. Ein wenig Frost macht ihnen nichts aus, dadurch erhöht sich der Zuckergehalt in den Röschen und die Bitterstoffe werden reduziert.

ROTKOHLSALAT MIT GEFLÜGELLEBER

Zubereitungszeit: 1 Std.
Ruhezeit: mind. 30 Min. oder über Nacht
Pro Portion: 460 kcal, 26 g E, 33 g F, 13 g KH

— Winter-Highlight —

Für den Salat
1 Rotkohl (ca. 650 g)
1 Schalotte
1 Bio-Orange
½ TL Lebkuchengewürz
1 TL schwarze Johannisbeerkonfitüre
100 ml Geflügelbrühe
60 ml gereifter Aceto balsamico (s. Tipp)
50 ml Sonnenblumenöl
50 ml Walnussöl
Salz
Pfeffer
Zucker
150 g Feldsalat (ersatzweise anderer Wintersalat)

Für die Geflügelleber
1 Knoblauchzehe
400 g Geflügelleber (ca. 20 Stück)
Salz
Pfeffer
1 EL Butterschmalz
1 Spritzer gereifter Aceto balsamico (s. Tipp)

1 Unschöne Außenblätter vom Rotkohl entfernen. Den Rotkohl waschen, gut abtropfen lassen und vierteln. Den Strunk entfernen und die Viertel in hauchdünne Streifen schneiden oder hobeln. Die Schalotte schälen und ebenfalls in feine Streifen schneiden.

2 Die Orange heiß waschen, abtrocknen und die Hälfte der Schale fein abreiben, den Orangensaft auspressen.

3 Rotkohl- und Schalottenstreifen in eine Schüssel geben und vermengen. Dann Orangenabrieb und Orangensaft, Lebkuchengewürz, Johannisbeerkonfitüre, Geflügelbrühe, Balsamico, Sonnenblumen- und Walnussöl dazugeben. Alles mit Salz, Pfeffer und 1 Prise Zucker würzen und gut durchkneten, dabei möglichst Einmalhandschuhe tragen. Den Rotkohlsalat mind. 30 Min. oder über Nacht ruhen lassen.

4 Dann den Rotkohlsalat nochmals mit Salz und Pfeffer abschmecken. Den Feldsalat putzen, waschen und gut abtropfen lassen.

5 Für die Geflügelleber die Knoblauchzehe andrücken. Die Leberstücke putzen, weiße Häutchen entfernen. Die Leberstücke salzen und pfeffern.

6 In einer Pfanne das Butterschmalz erhitzen und die Leberstücke darin anbraten. Die Knoblauchzehe zum Aromatisieren mit in die Pfanne geben und den Essigspritzer über die Leberstücke geben. Alles kurz in der Pfanne schwenken. Die Leberstücke sollten im Kern noch rosa sein und keinsfalls länger als ca. 5 Min. braten.

7 Den Feldsalat auf vier Teller verteilen, darauf den Rotkohlsalat und die gebratenen Leberstücke geben. Dazu passen frische Brioches.

MEIN TIPP: *Für dieses Gericht verwenden Sie am besten hochwertigen Aceto balsamico, der jahrelang im Holzfass reifen durfte.*

GRÜNKOHLSALAT MIT ZITRUSFRÜCHTEN UND KABELJAU

Für 4 Portionen
Zubereitungszeit: 45 Min.
Pro Portion: 540 kcal,
37 g E, 26 g F, 37 g KH

— *Ungewöhnlich und unschlagbar lecker* —

1 kg Grünkohl
Salz
10 Bio-Kumquats
4–5 EL Zucker
4 Zweige Thymian
2 Orangen
1 Grapefruit
½ Pomelo
1 TL Senf
1 EL Weißweinessig
5 EL Olivenöl
1 Prise gemahlener Anis
600 g Bio-Kabeljaufilet (ohne Haut und Gräten)
8 Blätter Brik-Teig (hauchdünn ausgerollte Teigblätter; aus dem orientalischen Lebensmittelgeschäft)
Sonnenblumenöl zum Braten

1 Den Grünkohl verlesen, die Blätter von den Stielen zupfen und gründlich waschen. Inzwischen in einem Topf reichlich Wasser mit Salz aufkochen. Den Grünkohl im sprudelnd kochenden Wasser portionsweise in 1–2 Min. bissfest blanchieren, dann herausnehmen und jeweils eiskalt abschrecken. Grünkohl sorgfältig abtropfen lassen.

2 Die Kumquats waschen, trocken reiben und halbieren, die Kerne entfernen. Die Kumquathälften in sprudelnd kochendem Wasser 1–2 Min. blanchieren, in ein Sieb abgießen und abtropfen lassen.

3 300 ml Wasser und 4 EL Zucker aufkochen, 1 Zweig Thymian abbrausen, trocken schütteln und dazugeben. Die Kumquathälften dazugeben und alles ca. 5 Min. offen bei kleiner Hitze köcheln lassen.

4 Inzwischen Orangen, Grapefruit und Pomelohälfte so schälen, dass auch die weiße Haut mit entfernt wird. Die Filets mit einem spitzen Messer zwischen den einzelnen Trennhäuten herausschneiden, dabei den Saft auffangen. Die Fruchthälften ausdrücken, den Saft ebenfalls auffangen.

5 Den Zitrusfruchtsaft mit Senf, Essig und Olivenöl zu einer Vinaigrette verrühren und mit Anis und Salz abschmecken. Den blanchierten Grünkohl untermischen und den Salat bis zum Servieren ziehen lassen.

6 Den übrigen Thymian abbrausen, trocken schütteln und die Blättchen abzupfen. Das Kabeljaufilet kalt waschen, gründlich trocken tupfen und in acht breite Streifen schneiden. Die Filetstreifen mit Salz und Thymianblättchen bestreuen. Die Brik-Teigblätter auf einer Arbeitsfläche ausbreiten, die Fischfiletstreifen jeweils darin einwickeln. Das Sonnenblumenöl in einer großen Pfanne erhitzen, die Filetpäckchen darin unter Wenden bei mittlerer bis großer Hitze knusprig und goldbraun braten, dann auf Küchenpapier kurz abtropfen lassen.

7 Den Grünkohlsalat nochmals abschmecken, die Kumquats samt Sirup und die vorbereiteten Fruchtfilets untermischen. Den Salat auf vier Teller verteilen, die Teig-Fischstäbchen anlegen und alles sofort servieren.

SAUERKRAUT-PUFFER MIT GEBRATENER BLUTWURST

Für 4 Portionen
Zubereitungszeit: 45 Min.
Pro Portion: 665 kcal,
15 g E, 50 g F, 39 g KH

— *Deftiger Klassiker* —

150 g frisches Sauerkraut
600 g vorwiegend festkochende Kartoffeln
Salz
Pfeffer
ca. 6 EL Öl
1 großer Apfel
1 EL Zucker
1 EL Apfelsaft
2 EL Butter
320 g feste Blutwurst in Stücken (à ca. 80 g)
3 EL Mehl

1 Das Sauerkraut mit den Händen gründlich ausdrücken und in eine Schüssel geben. Die Kartoffeln schälen, waschen und grob raspeln. Kartoffelraspel in ein sauberes Geschirrtuch geben und ebenfalls sorgfältig ausdrücken, dann zum Sauerkraut geben. Alles mit Salz und Pfeffer würzen und gründlich vermischen.

2 Den Backofen auf 100° vorheizen. Etwas Öl (insgesamt werden ca. 4 EL Öl gebraucht) in einer großen beschichteten Pfanne erhitzen und darin jeweils 3–4 Puffer ausbacken. Dazu für jeden Puffer ca. 3 EL Kartoffel-Sauerkraut-Masse in die Pfanne geben und etwas flach drücken. Die Puffer bei mittlerer Hitze auf jeder Seite in ca. 3 Min. goldbraun braten. Die fertigen Puffer auf eine Platte geben und im heißen Ofen (Mitte) warm halten. Auf diese Weise weitere Puffer ausbacken, bis die Kartoffel-Kraut-Masse verbraucht ist.

3 In der Zwischenzeit den Apfel waschen und halbieren. Das Kerngehäuse entfernen und die Hälften in Spalten schneiden.

4 Den Zucker in einer zweiten Pfanne erhitzen und leicht karamellisieren. Mit Apfelsaft ablöschen und den Karamell loskochen. Butter und Apfelspalten dazugeben und die Spalten so lange in der Pfanne schwenken, bis sämtliche Flüssigkeit verkocht ist und die Apfelspalten glasiert sind. Die glasierten Apfelspalten warm stellen.

5 Die Blutwurststücke ggf. aus der Hülle lösen, der Länge nach halbieren und mit Mehl bestäuben. In einer Pfanne die restlichen 2 EL Öl erhitzen. Die Blutwurststücke darin von beiden Seiten kräftig anrösten, anschließend auf Küchenpapier kurz abtropfen lassen.

6 Die Sauerkraut-Puffer mit den gerösteten Blutwurststücken und den glasierten Apfelspalten auf vier Tellern anrichten und servieren.

SPITZKOHLSTRUDEL MIT JOGHURT

— Am besten im Sommer und Herbst —

Für 4 Portionen
Zubereitungszeit: 1 Std.
Ruhezeit: über Nacht
Backzeit: 45 Min.
Pro Portion: 1 070 kcal,
26 g E, 58 g F, 112 g KH

Für den Strudelteig
500 g Weizenmehl (Type 550)
50 ml Öl
1 Ei
Salz

Für die Füllung
1 Spitzkohl (ca. 600 g)
1 Zwiebel
3 Zweige Thymian
1 Bund glatte Petersilie
50 g Pecorino
3 EL Butterschmalz
Pfeffer
frisch geriebene Muskatnuss
2 EL Semmelbrösel
60 g Butter
1 Ei

Für den Joghurt
1 Bio-Zitrone
400 g griechischer Joghurt (10 % Fett)
3 EL Olivenöl
½ rote Chilischote
Salz
Pfeffer

1 Für den Teig Mehl, Öl, Ei, 1 Prise Salz und 200 ml kaltes Wasser in eine Rührschüssel geben und mit dem Knethacken der Küchenmaschine zu einem glatten Teig kneten. (Der Teig sollte nicht zu lange gerührt werden, er darf nicht zu warm werden!). Den glatten Teig in eine Schüssel geben und abgedeckt über Nacht im Kühlschrank ruhen lassen.

2 Für die Füllung den Spitzkohl halbieren, den Strunk entfernen. Kohl sehr fein schneiden oder hobeln (s. Tipp). Die Zwiebel schälen und würfeln. Thymian und Petersilie abbrausen und trocken schütteln. Die Blättchen abstreifen bzw. abzupfen und fein schneiden. Den Pecorino reiben.

3 In einer Pfanne das Butterschmalz erhitzen. Die Zwiebelwürfel und die Kohlstreifen darin bei mittlerer Hitze anbraten. Den Thymian untermischen. Alles mit Salz, Pfeffer und Muskat würzen. Die Pfanne vom Herd ziehen, Petersilie, Semmelbrösel und Pecorino untermischen.

4 Die Butter in einem Topf schmelzen. Den Backofen auf 180° vorheizen. Den Strudelteig ausrollen, dann auf ein großes Küchentuch legen und vorsichtig aus der Mitte heraus möglichst dünn ausziehen.

5 Die Ränder des ausgerollten Strudelteigs mit verquirltem Ei bestreichen und die Kohlmasse aufstreichen, dabei ringsherum 2 cm Rand frei lassen. Ein Backblech mit Backpapier belegen. Den Teig mit Hilfe des Tuches einrollen, auf das Backblech legen und dünn mit flüssiger Butter bestreichen. Im heißen Ofen (Mitte) in ca. 45 Min. goldbraun backen.

6 Für den Zitronenjoghurt die Zitrone heiß waschen und abtrocknen. Etwas Schale fein abreiben und unter den Joghurt rühren. Zitronensaft auspressen und mit dem Olivenöl zum Joghurt geben.

7 Die Chilihälfte waschen, Kerne und Trennwände entfernen. Die Chili fein schneiden und unter den Joghurt mischen. Den Joghurt mit Salz und Pfeffer abschmecken und bis zum Servieren kalt stellen.

8 Den gebackenen Strudel aus dem Ofen nehmen, in Scheiben schneiden und mit dem Zitronenjoghurt servieren.

MEIN TIPP: *Wichtig ist, dass der Spitzkohl dünn geschnitten wird. Dann muss er nur kurz angebraten werden. Je geringer die Garzeit, umso feiner das Aroma.*

WIRSING-WICKEL MIT PERLGRAUPEN

Für 4 Portionen
Zubereitungszeit:
1 Std. 30 Min.
Pro Portion: 835 kcal,
30 g E, 62 g F, 34 g KH

— *Spannend gewürzt* —

800 g Wirsing
Salz
4 Schalotten
1 Knoblauchzehe
4 EL Butter
100 g Perlgraupen (gehäutete, geschliffene Gersten- oder Weizenkörner)
300 ml Geflügelbrühe (ersatzweise Gemüsefond oder -brühe)
50 g geräucherter Speck
80 ml salzarme Sojasauce
100 ml roter Portwein
2 EL Senfkörner
10 g frischer Ingwer
300 g Sahne
2 Prisen Baharat (orientalische Gewürzmischung)
2 Zweige Thymian
1 Landjäger (Rohwurst)
100 g gereifter Bergkäse
1 Bund Schnittlauch
1 EL Sesam

1 Vom Wirsing 12 schöne Blätter ablösen, Blattansätze flach schneiden. Blätter in sprudelnd kochendem Salzwasser 1–2 Min. blanchieren, abgießen und eiskalt abschrecken. Auf einem Geschirrtuch abtropfen lassen.

2 Währenddessen 2 Schalotten und den Knoblauch schälen und fein würfeln. 2 EL Butter in einem Topf erhitzen, Schalottenwürfel und Knoblauch darin glasig andünsten. Die Perlgraupen kurz mit anbraten. Die Brühe angießen und bei kleiner Hitze fast komplett einkochen. Alles unter Rühren zu einem sämigen Graupenrisotto kochen. Die Graupen sollen noch etwas Biss haben. Gegarte Graupen etwas abkühlen lassen.

3 Übrigen Wirsing halbieren und putzen. Die Blätter fein schneiden. Übrige Schalotten schälen und würfeln. Den Speck würfeln und knusprig ausbraten. Schalottenwürfel im Speckfett anbraten. Sojasauce und Portwein dazugießen und auf ein Viertel einkochen. Inzwischen die Senfkörner in kochendem Wasser (ohne Salz!) kurz vorgaren, dann in ein Sieb abgießen und abtropfen lassen. Den Ingwer schälen und fein reiben.

4 Sahne, Senfkörner und fein geschnittenen Wirsing zur eingekochten Portwein-Mischung geben. Den Wirsing zugedeckt ca. 20 Min. bei kleiner Hitze garen, dann mit Salz, 1 Prise Baharat und Ingwer abschmecken.

5 Den Thymian abbrausen, trocken schütteln, Blättchen abstreifen und fein hacken. Landjäger und Bergkäse fein würfeln. Thymian, Wurst und Käse unter die Graupen mischen und die Masse mit Baharat abschmecken.

6 Blanchierte Wirsingblätter ausbreiten. Graupenmischung darauf verteilen, an den Seiten jeweils einen kleinen Rand frei lassen. Seitenränder über die Füllung klappen und die Blätter fest aufrollen. Den Backofen auf 120° (Umluft) vorheizen. Wirsingröllchen auf ein mit Backpapier belegtes Blech setzen. Die übrigen 2 EL Butter schmelzen. Röllchen damit bestreichen und im heißen Ofen (Mitte) 12–14 Min. garen.

7 Inzwischen den Schnittlauch abbrausen, trocken schütteln und fein schneiden. Sesam in einer Pfanne ohne Fett kurz rösten. Das Wirsinggemüse abschmecken, mit den Wirsing-Wickeln anrichten und mit Schnittlauch und Sesam bestreut servieren.

ROSENKOHLRAGOUT MIT SCHUPFNUDELN

Für 4 Portionen
Zubereitungszeit: 1 Std.
Pro Portion: 630 kcal,
22 g E, 38 g F, 50 g KH

— *Heimatküche* —

Für die Schupfnudeln
600 g mehligkochende Kartoffeln
Salz
4 Eigelb
100 g Mehl
Pfeffer
frisch geriebene Muskatnuss
2 EL Butter

Für das Rosenkohlragout
800 g Rosenkohl
2 Schalotten
1 EL Butterschmalz
1 TL Mehl
150 g Sahne
100 ml Milch
100 ml Gemüsebrühe
Salz
Pfeffer
frisch geriebene Muskatnuss

Außerdem
Mehl zum Arbeiten
60 g Bergkäse

1 Für die Schupfnudeln die Kartoffeln schälen, waschen und in einem Topf in gesalzenem Wasser zugedeckt in 20–30 Min. weich kochen. Die gekochten Kartoffeln abgießen, im Topf zurück auf die abgeschaltete, aber noch heiße Herdplatte stellen und offen gut ausdampfen lassen.

2 Dann die heißen Kartoffeln durch die Presse in eine Schüssel drücken, rasch die Eigelbe untermengen und das Mehl untermischen. Die Kartoffelmasse mit Pfeffer, Salz und Muskat würzen.

3 Reichlich Wasser mit Salz aufkochen, dann die Hitze reduzieren. In der Zwischenzeit aus der Kartoffelmasse mit leicht bemehlten Händen Schupfnudeln formen (s. Tipp). Die gerollten Schupfnudeln im siedenden Salzwasser 3–5 Min. ziehen lassen, anschließend mit einem Schaumlöffel herausnehmen und abtropfen lassen.

4 Das Salzwasser aufkochen. Die Rosenkohlröschen putzen, die äußeren, beschädigten Blättchen entfernen. Den Strunk jeweils kreuzweise einschneiden und die Röschen im kochenden Salzwasser ca. 5 Min. garen. Rosenkohl abgießen, eiskalt abschrecken und abtropfen lassen.

5 Die Schalotten schälen und in kleine Würfel schneiden. In einem Topf das Butterschmalz erhitzen. Die Schalottenwürfel darin anschwitzen. Den abgetropften Rosenkohl dazugeben, mit Mehl bestäuben und 1–2 Min. mit anschwitzen. Sahne, Milch und Gemüsebrühe angießen, unter Rühren aufkochen und die Flüssigkeit kurz köcheln lassen. Das Rosenkohlragout mit Salz, Pfeffer und Muskat abschmecken.

6 Den Bergkäse grob reiben. In einer Pfanne die Butter für die Schupfnudeln erhitzen. Die abgetropften Schupfnudeln darin schwenken und erhitzen. Die Schupfnudeln mit dem Rosenkohlragout anrichten, alles mit dem geriebenen Käse bestreuen und servieren.

MEIN TIPP: *Für Schupfnudeln, auch Bubenspitzle genannt, rollt man den Teig in den Handtellern zunächst zu einer kleinen Kugel, dann zu einer Art Torpedo. Größer oder kleiner – ganz nach Belieben!*

FLEISCH UND GEFLÜGEL

Ob Rinderroulade mit Dinkelrisotto, Rehschnitzel mit Pistazien-Creme und Quitten oder orientalisch gewürzte Hähnchenbrust mit Rhabarbergemüse, ob bodenständig, klassisch oder inspiriert von den Küchen der Welt: Beim ARD-Buffet wird Fleisch und Geflügel aus deutschen Landen ebenso achtsam wie abwechslungsreich zubereitet: Hochgenuss für besondere Tage!

Rindfleisch und Kalbfleisch

Das sollte nicht jeden Tag auf den Tisch kommen, aber wenn, dann achte man auf einen vertrauenswürdigen Metzger, der Auskunft geben kann, woher seine Tiere stammen. Ich selbst könnte mich einen Teilzeitvegetarier nennen. Ich denke bei Fleisch immer auch an das Tier. Und diese Gedankenverbindung verbietet mir jede Gleichgültigkeit den Tieren gegenüber.

Rumpsteak, Kotelett, Rostbraten, alles ganz prima! Aber wichtig ist, dass man sich auch die preiswerteren Fleischteile vornimmt und daraus etwas zaubert. Schulter, Haxen oder Keule weich schmoren oder kochen – das braucht etwas Zeit, aber es lohnt sich: Beim langsamen Garen entsteht ein Aroma, an das das Kurzgebratene nicht rankommt.

Schon gewusst?

- Rinderrouladen zählen zu den **Top-5-Lieblingsgerichten** der Deutschen.
- Feinschmecker schätzen es, wenn das Fleisch **»marmoriert«**, d. h. von feinen Fettäderchen durchzogen ist.
- Rindfleisch muss nach dem Schlachten des Tiers reifen, z. B. 4 Wochen, wenn man es als Roastbeef zubereiten will. Während dieser **Reifezeit** wird das Fleisch mürber, bekömmlicher und aromatischer. Beim Nassreifen ist es vakuumiert, reift im eigenen Saft. Bei der Trockenreifung hängt das Fleisch an der Luft, Flüssigkeit kann verdampfen. Dieses »Dry Aging« ist eine jahrhundertealte Methode – unsere Großeltern nannten es »abhängen«.
- Wenn man Rindfleisch nicht sofort zubereiten will, darf es – rundherum mit Öl bepinselt – noch **2–4 Tage im Kühlschrank** lagern.
- Kalbfleisch stammt von höchstens **vier Monate** alten Rindern. Es ist sehr zart und sollte höchstens 3 Tage reifen. Idealerweise wurden die Kälber natürlich von ihrer Mutterkuh ernährt.

RINDERROULADE MIT DINKELRISOTTO

Für 4 Portionen
Zubereitungszeit: 2 Std.
Pro Portion: 560 kcal,
43 g E, 25 g F, 29 g KH

— *Klassiker neu aufgelegt* —

Für die Rouladen
350 g Möhren
400 g Pastinaken
1 Petersilienwurzel
1 Stange Lauch (Porree)
1 Gelbe Bete
4 Scheiben Rinderroulade (aus der Oberschale)
4 TL scharfer Senf
Salz
4 EL Rapsöl
2 EL Tomatenmark
200 ml trockener Rotwein
1 Spritzer Aceto balsamico
500 ml Rinderfond (aus dem Glas)
Pfeffer

Für den Dinkelrisotto
1 Schalotte
2 EL Olivenöl
100 g Dinkelkörner
100 ml trockener Weißwein
400 ml Fleischbrühe
Salz
Pfeffer

1 Für die Rouladen Möhren, Pastinaken, Petersilienwurzel und Lauch putzen und schälen bzw. gründlich waschen. Das Gemüse längs in ca. 6 cm lange und 5 mm feine Stifte bzw. Streifen schneiden. Gelbe Bete putzen, schälen und ebenfalls in ca. 5 mm dicke Stifte schneiden.

2 Das Fleisch auf einer Arbeitsfläche auslegen und bei Bedarf noch etwas plattieren. Die Scheiben dünn mit Senf bestreichen und mit Salz würzen. An einem Ende der Rouladen jeweils von jeder Gemüsesorte 1 Stift auflegen. Die Fleisch-Längsseiten etwas darüberklappen. Die Rouladen fest aufrollen, mit Küchengarn oder Rouladennadeln fixieren und salzen.

3 Das Öl in einem Schmortopf erhitzen. Die Rouladen darin rundherum kräftig anbraten. Inzwischen das übrige Gemüse fein würfeln.

4 Die angebratenen Rouladen aus dem Topf heben und kurz beiseitestellen. Die Gemüsewürfel in den Topf geben und anrösten. Das Tomatenmark einrühren und ebenfalls kurz anrösten. Wein und Essig angießen und kurz köcheln lassen. Dann den Fond angießen, salzen und pfeffern.

5 Die Rouladen wieder einlegen und zugedeckt bei kleiner Hitze in 1 ½–2 Std. gar schmoren, dabei nach ca. 1 Std. Schmorzeit die Gemüsewürfel mit einem Schaumlöffel aus dem Schmorfond heben.

6 Für den Dinkelrisotto die Schalotte schälen und fein würfeln. Das Olivenöl in einem Topf erhitzen, Schalottenwürfel darin glasig andünsten. Den Dinkel dazugeben und ca. 3 Min. mit andünsten. Den Wein angießen und ca. 1 Min. köcheln lassen. Dann die Brühe dazugießen. Den Dinkelrisotto zugedeckt ca. 25 Min. bei kleiner Hitze köcheln lassen, dabei gelegentlich durchrühren. Dann die gegarten Gemüsewürfel untermischen und alles noch 3–5 Min. weiterköcheln lassen.

7 Inzwischen die Rouladen aus dem Fond heben und warm stellen. Den Fond durch ein Sieb in einen Topf passieren und offen sämig einkochen. Die Rouladen wieder einlegen und kurz in der Sauce ziehen lassen.

8 Dinkelrisotto mit Salz und Pfeffer abschmecken und mit den Rouladen und der Schmorsauce auf vorgewärmten Tellern anrichten.

TAFELSPITZ MIT APFEL-MEERRETTICH

— Mit cremiger Schnittlauchsauce —

Für 4 Portionen
Zubereitungszeit: 1 Std. 45 Min.
Garzeit: 2 Std. 30 Min.
Pro Portion: 1 140 kcal, 67 g E, 75 g F, 50 g KH

Für den Tafelspitz
1 große Zwiebel
2 Knoblauchzehen
100 g Möhre
100 g Knollensellerie
100 g Lauch
2 EL Öl zum Braten
1,2 kg Tafelspitz vom Rind
Salz
3 Stängel Petersilie
1 TL schwarze Pfefferkörner
2 Lorbeerblätter

Für den Apfel-Meerrettich
100 g Zucker
1 Zitrone
300 g Äpfel
50 g frischer Meerrettich

Für die Schnittlauchsauce
80 g Weißbrot ohne Rinde
80 ml Milch
2 sehr frische Eigelb
Salz
Pfeffer
½ TL scharfer Senf
1 Spritzer Weißwein- oder Apfelessig
200 ml Sonnenblumenöl
1 Bund Schnittlauch

1 Für den Tafelspitz das Gemüse putzen. Zwiebel, Knoblauch, Möhre und Sellerie schälen und in grobe Stücke schneiden. Lauch waschen und ebenfalls grob schneiden. In einem großen Topf 1 EL Öl erhitzen, das vorbereitete Gemüse darin bei großer Hitze anrösten, dann beiseitestellen.

2 Den Tafelspitz waschen und trocken tupfen. In einer Pfanne den übrigen EL Öl erhitzen und den Tafelspitz darin von allen Seiten anbraten. Das Fleisch zum angebratenen Gemüse in den Topf geben. Alles mit Salz würzen und ca. 2,5 l Wasser angießen. Petersilie waschen, trocken schütteln und mit Pfefferkörnern und Lorbeer dazugeben. Das Wasser langsam bis zum Siedepunkt erhitzen, keinesfalls wallend aufkochen. Den Tafelspitz in ca. 2 ½ Std. im siedenden Wasser weich garen. Anschließend das Fleisch in der Resthitze der Brühe ruhen lassen.

3 Inzwischen für den Apfel-Meerrettich Zucker und 100 ml Wasser in einen Topf geben, unter Rühren aufkochen und zu einem dickflüssigen Sirup einkochen. Dann die Zitrone auspressen und den Saft zum Sirup geben. Äpfel und Meerrettich schälen. Die Kerngehäuse entfernen. Mit einer groben Reibe die Äpfel direkt in den Topf mit dem Zuckersirup reiben und ca. 2 Min. köcheln lassen, dann alles fein pürieren. Den Meerrettich dazureiben, untermengen und den Apfel-Meerrettich abschmecken.

4 Für die Schnittlauchsauce das Weißbrot würfeln, mit der Milch übergießen, kurz einweichen, dann durch ein feines Sieb streichen. Die weiche Brotmasse mit Eigelben, Salz, Pfeffer, Senf und Essig in einen hohen Rührbecher geben und mit einem Pürierstab fein zerkleinern. Unter ständigem Mixen das Öl langsam dazugeben und untermischen, bis die Sauce eine sämige Konsistenz hat. Den Schnittlauch abbrausen, trocken schütteln, fein schneiden und untermischen.

5 Zum Servieren den Tafelspitz aus der Brühe nehmen, in dünne Scheiben schneiden und auf vier Tellern anrichten. Das Fleisch jeweils mit etwas Brühe beträufeln, leicht salzen und mit etwas gekochtem Gemüse garnieren. Den Apfel-Meerrettich und die Schnittlauchsauce extra dazu reichen. Dazu passen Salzkartoffeln. Die restliche Brühe in ein Sieb abgießen und als Saucenfond verwenden. Sie hält sich im Kühlschrank gut 3 Tage und kann auch eingefroren werden.

GEPFEFFERTES ROAST-BEEF MIT POMMES

Für 4 Portionen
Zubereitungszeit: 1 Std. 10 Min.
Pro Portion: 470 kcal, 45 g E, 26 g F, 12 g KH

— *Mit mediterraner Note* —

1 Den Backofen auf 150° vorheizen. Das Roastbeef waschen, trocken tupfen, mit einem Küchengarn binden und gut salzen. In einer Pfanne Öl erhitzen und das Fleisch darin von allen Seiten kräftig anbraten. Die Pfefferkörner im Mörser zerstoßen und mit Senf und Honig verrühren. Das angebratene Fleisch mit dem Pfeffer-Honig-Senf einpinseln, auf ein Backofengitter legen und im heißen Ofen (Mitte) in 25–35 Min. rosa garen, bis das Roastbeef eine Kerntemperatur von 64° erreicht hat.

2 Inzwischen für die Pommes Sardellen und Kapern fein hacken. Petersilie abbrausen und trocken schütteln, die Blättchen in feine Streifen schneiden. Petersilie, Sardellen und Kapern in einer Schüssel vermischen.

3 Die Kartoffeln schälen und in ca. 5 mm breite Pommes frites schneiden. In einem Topf oder einer Fritteuse das Fett auf 120° erhitzen. Die Kartoffelstifte darin 5 Min. lang vorgaren. Herausnehmen und auf einem Küchentuch abtropfen lassen. Den Topf mit dem Frittierfett zur Seite stellen. Inzwischen die Salatherzen putzen, waschen und halbieren.

4 Das gegarte Fleisch aus dem Ofen nehmen und ca. 10 Min. ruhen lassen. Inzwischen für das Salatdressing Schalotte und Knoblauch schälen und grob schneiden. Parmesan reiben. Schalotte, Knoblauch, Parmesan, Senf, Essig, 2 EL Rapsöl und die Brühe in einen Rührbecher geben und fein pürieren. Das Dressing mit Salz und Pfeffer abschmecken.

5 In einer Pfanne die restlichen 2 EL Rapsöl erhitzen und die Schnittflächen der Salatherzen darin kurz anbraten, dann herausnehmen.

6 Das Frittierfett auf 180° erhitzen und die vorgegarten Pommes darin kross und goldgelb frittieren. Die Pommes gut abtropfen lassen, in der Schüssel mit der Kapernmischung vermengen und leicht salzen.

7 Die Kapern zum Garnieren des Salats kurz im heißen Fett frittieren und abtropfen lassen. Das hart gekochte Ei schälen und fein würfeln.

8 Das Roastbeef in Scheiben schneiden und auf Tellern anrichten. Die Salatherzen danebenlegen und mit dem Dressing beträufeln. Frittierte Kapern und gehacktes Ei darüberstreuen. Die Pommes daneben anrichten.

Für das Fleisch
700 g Roastbeef mit Fettdeckel
Salz
2 EL Öl zum Anbraten
4 tasmanische Pfefferkörner (»Bergpfeffer«; ersatzweise schwarzer Pfeffer)
1 EL scharfer Senf
1 EL Honig

Für die Pommes
2 in Öl eingelegte Sardellenfilets
1 TL Kapern
4 Stängel glatte Petersilie
2 große festkochende Kartoffeln
300 g Fett zum Frittieren
Salz

Für den Salat
4 Romanasalatherzen
1 Schalotte
1 Knoblauchzehe
20 g Parmesan
1 EL scharfer Senf
1 EL Estragonessig
4 EL Rapsöl
50 ml Gemüsebrühe
Salz | Pfeffer
2 EL Kapern
1 hart gekochtes Ei

Außerdem
Küchengarn
1 Fleischthermometer

BAUERNSCHNITZEL MIT KARTÖFFELCHEN UND PREISELBEEREN

Für 4 Portionen
Zubereitungszeit: 1 Std.
Pro Portion: 710 kcal,
62 g E, 34 g F, 39 g KH

— *Spezialität aus dem Allgäu* —

600 g kleine festkochende Kartoffeln
Salz
1 Bund glatte Petersilie
4 Kalbsschnitzel aus der Oberschale (à ca. 200 g)
Salz
Pfeffer
4 Scheiben Bergkäse
4 Scheiben Alpkäse (ersatzweise Camembert)
4 EL Weizenmehl
2 Eier
3 EL Semmelbrösel
3 EL gemahlene Haselnusskerne
4 EL Butterschmalz
2 EL Butter
4 EL Preiselbeeren aus dem Glas

Außerdem
Zahnstocher

1 Für die Petersilienkartoffeln die Kartoffeln schälen, waschen und in einem Topf in gesalzenem Wasser zugedeckt in 20–25 Min. weich kochen. Inzwischen die Petersilie abbrausen, trocken tupfen und fein schneiden.

2 Die Kalbsschnitzel waschen und trocken tupfen. Die Schnitzel jeweils zwischen zwei Lagen Frischhaltefolie legen und vorsichtig flach klopfen. Das Fleisch mit Salz und Pfeffer würzen.

3 Je 1 Scheibe Bergkäse und 1 Scheibe Alpkäse auf das Fleisch legen. Das Fleisch zusammenklappen, sodass die Füllung gut umschlossen ist. Die Enden mit Zahnstochern zusammenstecken.

4 Das Mehl auf einen Teller streuen, die Eier in einem tiefen Teller verquirlen und die Semmelbrösel mit den Haselnüssen in einem weiteren tiefen Teller vermischen. Die gefüllten Schnitzel zuerst im Mehl, dann im Ei wenden und zum Schluss in der Bröselmischung wälzen.

5 Das Butterschmalz in einer großen Pfanne erhitzen. Die Schnitzel darin bei mittlerer Hitze auf jeder Seite in ca. 4 Min. goldbraun ausbacken. Inzwischen die Kartoffeln abgießen und ausdampfen lassen.

6 Die Bauernschnitzel kurz auf Küchenpapier abtropfen lassen. Die Zahnstocher nach Belieben entfernen.

7 Die Butter in einer Pfanne zerlassen und die Kartoffeln darin schwenken. Bauernschnitzel und Petersilienkartoffeln auf Teller verteilen. Die Petersilie über die Kartoffeln streuen. Dazu die Preiselbeeren servieren.

”

Ein guter Bergkäse lässt mich die Kraft der Berge und die saftig grünen Almwiesen mit ihren unzähligen Kräutern und Blumen schmecken. Mit diesen Aromen ist er eine perfekte Ergänzung zum leicht säuerlichen Kalbfleisch.

KALBSRÖLLCHEN MIT PARMESAN-SPINAT-FÜLLUNG

Für 4 Portionen
Zubereitungszeit: 30 Min.
Pro Portion: 385 kcal,
51 g E, 17 g F, 7 g KH

— Leichte Sommerküche —

200 g Blattspinat
1 Schalotte
1 EL Olivenöl
Salz
Pfeffer
50 g Parmesan
8 kleine Kalbsschnitzel (à ca. 80 g)
2 EL Butterschmalz
300 ml Fleischbrühe
2 TL Speisestärke

1 Den Spinat putzen, gründlich waschen und abtropfen lassen. Spinat dann grob hacken. Die Schalotte schälen und würfeln.

2 Das Öl in einer Pfanne erhitzen. Die Schalotten darin andünsten. Den gehackten Spinat dazugeben und unter Wenden zusammenfallen lassen. Die Spinatmischung mit wenig Salz und Pfeffer würzen.

3 Den gegarten Spinat in ein Sieb geben, abtropfen und etwas abkühlen lassen. Den Parmesan fein reiben und unter den Spinat mischen.

4 Die Schnitzel waschen, trocken tupfen und sehr dünn klopfen. (Dann muss man die Röllchen nicht mit Küchengarn oder Zahnstochern fixieren.) Die Schnitzel leicht pfeffern, salzen und mit der Parmesan-Spinat-Mischung belegen. Die Schnitzel jeweils fest aufrollen.

5 Das Butterschmalz in einer Pfanne erhitzen. Die Fleischröllchen zunächst mit der »Naht« nach unten einlegen, dann bei mittlerer Hitze rundherum goldbraun anbraten. Anschließend die gefüllten Kalbsröllchen noch zugedeckt ca. 10 Min. weiterschmoren.

6 Gebratene Röllchen aus der Pfanne nehmen und warm stellen. Die Brühe zum Bratsatz gießen und aufkochen, dabei den Bratsatz lösen.

7 Die Stärke mit 2 EL Wasser verrühren und unter den gelösten Bratsatz rühren. Die Sauce einmal kurz aufkochen und mit Salz und Pfeffer abschmecken. Die Kalbsröllchen in die Sauce einlegen und kurz darin erwärmen, dann mit der Sauce auf Tellern anrichten. Dazu passen Gnocchi.

Schweinefleisch

Wenn meine Mutter Schweinefleisch zubereitete, tat sie es schon fast heimlich, weil ich immer um ein rohes Stück Fleisch bettelte und sie konnte es meinen niedlichen Kinderaugen nicht verwehren. Später wurde aus dem rohen Fleischhappen ein Zwiebelmettbrötchen. Auch liebte ich es, wenn es Schweinefüßchen mit Sauerkraut und Kartoffelpüree gab.

Schon gewusst?

- Ob Spareribs, Krustenbraten oder Nackensteak: Schweinefleisch ist bei uns **das beliebteste Fleisch**.
- **Qualität hat ihren Preis**: Gutes Schweinefleisch stammt von Tieren aus guter Haltung. Und die kostet Geld. Vorbildliche Schweinezüchter bieten ihren Tieren neben Futter und Licht auch genügend Platz, dazu Freilauf und Beschäftigungsmöglichkeiten, die beispielsweise dem Wühltrieb der Tiere entgegenkommen.
- Nach dem Schlachten sollte Schweinefleisch **2–3 Tage reifen**, doch nicht länger, denn es verdirbt rasch. Frisches Fleisch ist rosa bis hellrot, sieht in der Fleischtheke saftig aus und riecht angenehm.
- Schweinefleisch gilt als sehr **fettes Fleisch.** Das trifft auf den Schweinebauch zu, der ja auch zu Räucherspeck wird. Aber es gibt auch magere Stücke mit nur ca. 2 Prozent Fett, etwa Filet, Lende oder Schnitzelfleisch.

GESCHNETZELTES VOM SCHWEINEFILET MIT RÖSTI

Für 4 Portionen
Zubereitungszeit: 1 Std.
Pro Portion: 580 kcal,
38 g E, 35 g F, 23 g KH

— Klassiker —

Für die Rösti
600 g vorwiegend festkochende Kartoffeln
Salz
Pfeffer
2 EL Butterschmalz

Für das Geschnetzelte
1 Zwiebel
100 g Champignons
1 Zucchino
½ Bund glatte Petersilie
2 Stängel Liebstöckel
600 g Schweinefilet
Salz
Pfeffer
½ TL edelsüßes Paprikapulver
2 EL Öl
100 ml Weißwein
150 ml Fleisch- bzw. Gemüsebrühe
100 g Sahne
4 EL Crème fraîche

1 Die Kartoffeln schälen, waschen und in Salzwasser zugedeckt halb gar kochen. Kartoffeln abgießen, ausdampfen lassen und pellen.

2 Für das Geschnetzelte die Zwiebel schälen und fein schneiden. Die Champignons putzen und würfeln. Zucchino putzen, waschen und ebenfalls in Würfel schneiden. Petersilie und Liebstöckel abbrausen, trocken schütteln und die Blättchen fein schneiden.

3 Das Schweinefilet waschen und trocken tupfen. Das Fleisch quer zur Faser in dünne Scheiben schneiden. Die Fleischscheiben mit Salz, Pfeffer und etwas Paprikapulver würzen. In einer Pfanne das Öl erhitzen. Die Fleischscheiben darin portionsweise anbraten und knapp durchbraten, dann aus der Pfanne nehmen und zugedeckt warm halten.

4 Die fein geschnittene Zwiebel mit den Champignons und den Zucchiniwürfeln in die Pfanne geben und bei großer Hitze anbraten. Weißwein angießen, aufkochen und komplett einkochen. Dann die Brühe und die Sahne hinzufügen und um ein Drittel einkochen.

5 In der Zwischenzeit die vorgegarten Kartoffeln auf einer groben Reibe reiben und mit Salz und Pfeffer würzen.

6 In einer Pfanne Butterschmalz erhitzen. Die Kartoffelraspel als kleine Kleckse in die Pfanne geben und etwas flacher drücken. Die Rösti von beiden Seiten in insgesamt 3-5 Min. knusprig goldbraun braten.

7 Fleisch und Kräuter in die Pilz-Zucchini-Sauce geben, erhitzen und alles nochmals abschmecken. Das Geschnetzelte auf Teller verteilen, jeweils 1 Klecks Crème fraîche daraufgeben. Die Rösti daneben anrichten.

GEFÜLLTES KOTELETT MIT BRATKARTOFFELN

Für 4 Portionen
Zubereitungszeit: 1 Std.
Ruhezeit: über Nacht
Pro Portion: 810 kcal,
63 g E, 50 g F, 27 g KH

— *Deftig und lecker* —

Für die Bratkartoffeln
600 g festkochende Kartoffeln
100 g geräucherter Speck in Scheiben
3 Schalotten
½ TL edelsüßes Paprikapulver
1 EL Mehl
2 EL Butterschmalz
1 Knoblauchzehe
½ TL Kümmelsamen
1 TL getrockneter Majoran
Salz | Pfeffer

Für die Koteletts
1 Zwiebel
1 Knoblauchzehe
2 EL Haselnusskerne
100 g frischer Blattspinat
1 EL Butter
1 Ei
2 EL geriebener Emmentaler
Salz | Pfeffer
4 Schweinekoteletts mit Knochen (à ca. 220 g)
2 EL Butterschmalz zum Braten

Außerdem
Zahnstocher

1 Am Vortag die Kartoffeln waschen und in Salzwasser in 20–30 Min. weich kochen, dann abgießen und über Nacht abkühlen und ruhen lassen.

2 Am nächsten Tag für die Koteletts Zwiebel und Knoblauch schälen und würfeln. Die Nüsse fein hacken. Den Spinat verlesen und putzen, gründlich waschen und abtropfen lassen oder trocken schleudern.

3 Die Butter in einer Pfanne erhitzen. Zwiebel- und Knoblauchwürfel darin glasig andünsten. Nüsse und Spinat dazugeben. Den Spinat zugedeckt bei mittlerer Hitze dünsten, bis er zusammengefallen ist. Die Mischung in ein Sieb geben und abtropfen lassen oder ausdrücken.

4 Inzwischen für die Bratkartoffeln den Speck in feine Würfel schneiden. Schalotten schälen und fein würfeln. Die gekochten Kartoffeln pellen und in Scheiben schneiden. Paprikapulver und Mehl mischen, über die Kartoffelscheiben stäuben und vorsichtig damit vermischen.

5 Die Spinatmischung mit Ei, geriebenem Käse, Salz und Pfeffer in einer Schüssel vermischen. Die Koteletts waschen, trocken tupfen und seitlich waagerecht eine tiefe Tasche ins Fleisch einschneiden. Das Fleisch innen und außen leicht salzen und pfeffern. Die Käse-Spinat-Füllung in die Fleischtaschen verteilen und die Öffnung mit Zahnstochern verschließen.

6 Butterschmalz in einer großen Pfanne erhitzen. Die Koteletts darin bei mittlerer bis großer Hitze auf jeder Seite 3–4 Min. braten und garen.

7 Währenddessen für die Bratkartoffeln das Butterschmalz in einer großen, beschichteten Pfanne erhitzen. Die Kartoffelscheiben möglichst so einlegen, dass sie nebeneinander auf dem Pfannenboden liegen. Speck und Schalottenwürfel dazugeben und alles unter Wenden goldbraun braten.

8 Inzwischen den Knoblauch schälen und fein würfeln. Den Knoblauch zum Schluss zu den Kartoffeln geben und kurz mitbraten. Die Bratkartoffeln mit Kümmel, Majoran, Salz und Pfeffer würzen und gut durchschwenken, dann auf vier vorgewärmte Teller verteilen. Die gebratenen Koteletts anlegen und alles sofort servieren.

KARTOFFELKÜCHLEIN MIT SCHWEINEBAUCH

Für 4 Portionen
Zubereitungszeit: 4 Std.
Pro Portion: 980 kcal,
52 g E, 77 g F, 21 g KH

— *Klassiker neu interpretiert* —

Für den Schweinebauch
1 kg Schweinebauch mit Schwarte
Salz
Pfeffer
1 EL Kümmel
2 EL Senf
2 EL Rapsöl
5 Zweige Thymian
1 Bund Suppengemüse
2 Knoblauchzehen
2 Zwiebeln
1 l Fleischbrühe
1 TL Speisestärke (nach Belieben)
1 EL Aceto balsamico

Für die Kartoffelküchlein
500 g vorwiegend festkochende Kartoffeln
4 Blätter Bärlauch
2 Eiweiß
Salz
3 EL Rapsöl

Für die Radieschen
4 Radieschen
4 Eiszapfen (längliche Radieschen; ersatzweise mehr Radieschen)
1 EL Zucker
2 EL Butter
Salz

1 Den Backofen auf 150° vorheizen. Das Fleisch waschen und trocken tupfen. Die Schwarte mit einem scharfen Messer rautenförmig einschneiden. Das Fleisch mit Salz , Pfeffer und Kümmel würzen und mit Senf bestreichen und im Öl in einer Pfanne anbraten, dann in die Fettpfanne des Backofens setzen. Die Schwarte mit etwas Salz einreiben. Die Pfanne nicht säubern. Thymian abbrausen und trocken schütteln. Das Suppengemüse putzen, waschen bzw. schälen und würfeln. Knoblauch und Zwiebeln schälen, würfeln und im Bratfett in der Pfanne kurz anbraten. Gemüsewürfel kurz mitbraten, dann mit 4 Zweigen Thymian um den Schweinebauch herum verteilen. Die Brühe angießen.

2 Fleisch und Gemüse im heißen Ofen (Mitte) ca. 3 ½ Std. garen, dabei ca. ½ Std. vor Ende der Garzeit für die Küchlein die Kartoffeln waschen und schälen. Die Kartoffeln fein reiben und die Raspel in einem Küchentuch ausdrücken. Bärlauch waschen, fein schneiden und unter die Raspel mischen. Die Eiweiße mit 1 Prise Salz steif schlagen und vorsichtig unter die Kartoffelraspel heben. Das Öl für die Küchlein in einer Pfanne erhitzen. Mit einem Esslöffel Kleckse von der Kartoffelmasse hineingeben. Jeden Klecks flach drücken und auf jeder Seite in ca. 1 Min. goldbraun braten. Evtl. die Küchlein zugedeckt noch ca. 1 Min. weitergaren.

3 Das Fleisch aus dem Ofen nehmen. Den Backofengrill vorheizen. Die Blättchen vom übrigen Thymian abstreifen und fein hacken. Bratenfond und Gemüse aus der Fettpfanne durch ein Sieb in einen Topf passieren, aufkochen und nach Belieben mit in etwas kaltem Wasser angerührter Stärke binden. Die Sauce mit Balsamicoessig und Thymian abschmecken.

4 Den Braten erneut in den Ofen (Mitte) geben und die Schwarte unter den heißen Grillschlangen in 10–15 Min. knusprig rösten, dabei zwischendurch mit kaltem Salzwasser bestreichen. Achtung, die Schwarte verbrennt leicht! Fertigen Braten herausnehmen und kurz ruhen lassen.

5 Radieschen und Eiszapfen putzen, waschen und jeweils längs vierteln. Den Zucker in einer Pfanne goldbraun karamellisieren. Butter, Radieschen und Eiszapfen dazugeben und in der Pfanne ca. 1 Min. schwenken. Den Schweinebauch in Scheiben schneiden und mit der Sauce, den Kartoffelküchlein sowie Radieschen und Eiszapfen anrichten.

SCHWEINEFILET MIT DÖRRPFLAUMEN UND KRÄUTERKLÖSSCHEN

Für 4 Portionen
Zubereitungszeit:
1 Std. 30 Min.
Pro Portion: 590 kcal,
52 g E, 17 g F, 53 g KH

— *Schön deftig* —

1 Den Backofen auf 180° vorheizen. Für die Klöße die Kartoffeln waschen und in Salzwasser zugedeckt in 20–30 Min. gar kochen.

2 Das Schweinefilet waschen und trocken tupfen. Das Schweinefilet am dicken Ende mit einem dicken Kochlöffelstiel oder einem Wetzstahl in der Mitte bis nach hinten zum dünn auslaufenden Ende eindrücken, sodass der Länge nach eine Öffnung und damit genügend Platz für die Dörrpflaumen-Füllung entsteht.

3 Die Dörrpflaumen halbieren, entsteinen und kräftig pfeffern, evtl. etwas klein schneiden. Pflaumen in die Öffnung drücken und das Filet damit füllen. Füllöffnung mit den Rosmarinzweigen verschließen.

4 Das Fleisch mit Salz und Pfeffer würzen und in einer Pfanne in dem Butterschmalz von allen Seiten anbraten. Anschließend das Fleisch im heißen Ofen (Mitte) ca. 15 Min. garen.

5 In der Zwischenzeit die gekochten Kartoffeln pellen und gut ausdampfen lassen. Rucola und Petersilie waschen und trocken schütteln, die Blätter fein hacken. Die Kartoffeln noch heiß durch eine Kartoffelpresse drücken. Das Mehl untermischen, die Eier untermengen. Zum Schluss die gehackten Kräuter unter die Kartoffelmasse mischen (s. Tipp). Die Masse mit Salz und Pfeffer abschmecken und daraus kleine Klöße formen.

6 Inzwischen reichlich Wasser mit etwas Salz aufkochen, dann die Hitze reduzieren. Die Klößchen portionsweise im siedenden Salzwasser gar ziehen lassen, bis sie an der Oberfläche schwimmen. Die Klößchen herausnehmen und jeweils abtropfen lassen.

7 Das gegarte Fleisch aus dem Ofen nehmen, in Alufolie wickeln und ca. 5 Min. ruhen lassen. Inzwischen die gegarten Klößchen in einer großen Pfanne in der Butter schwenken. Das Fleisch vorsichtig auspacken und den ausgetretenen Fleischsaft auffangen. Das Fleisch aufschneiden, mit dem Fleischsaft beträufeln und mit den Kartoffelklößchen servieren.

500 g mehligkochende Kartoffeln
Salz
700 g Schweinefilet
200 g Dörrpflaumen
Pfeffer
2 Zweige Rosmarin (ersatzweise Zahnstocher)
4 EL Butterschmalz
1 Bund Rucola
6 Stängel glatte Petersilie
50 g Mehl
2 Eier
4 EL Butter

MEIN TIPP: *Sollte der Kloßteig nicht fest genug sein, einfach noch etwas Mehl unterarbeiten.*

Wild

Bei gezüchteten Tieren weiß man nie ganz genau, welches Futter verabreicht wurde. Das Futter ist entscheidend für den Geschmack.

Bei Wildtieren genießt man ganz nah die Natur. Das schmeckt man. Alles duftet ein bisschen wild, unverbogen und unmanipuliert.

Wenn Fleisch, dann ist das von Wildtieren auf alle Fälle das gesündeste. Dazu kommt, dass der Fettanteil sehr gering ist.

Schon gewusst?

- Wildfleisch enthält generell **wenig Fett**. Das dunkelrote Rehfleisch ist feinfaserig und zart-aromatisch, das Fleisch von Wildschweinen sehr saftig und würzig. Intensiv und kräftig schmeckt das dunkle Fleisch vom Rotwild.
- Der **Rothirsch** ist eines der größten frei lebenden Wildtiere, ein ausgewachsener »Cervus Elaphus« kann über 150 kg auf die Waage bringen.
- Wildbret bekommt man auf dem Wochenmarkt oder auf dem Bauernmarkt. In Großstädten gibt es auch spezielle Wild-Metzgereien. Beim Einkauf auf die **Herkunft der Tiere** achten! Wildfleisch aus Supermärkten stammt oft von Tieren aus Gatterhaltung und/oder aus anderen Ländern.
- Wildfleisch kann zubereitet werden wie Rindfleisch oder Schweinefleisch. Es sollte aber immer auf eine **Kerntemperatur von 80°** erhitzt werden.
- Ob **Reh, Hirsch oder Wildschwein**: Die feinsten Stücke sind die Filets, zum Schmoren eignen sich Stücke aus Schulter, Nacken oder Keule.

REHRÜCKEN »BADEN-BADEN«

Für 4 Portionen
Zubereitungszeit: 1 Std.
Pro Portion: 960 kcal,
37 g E, 36 g F, 32 g KH

— Klassiker der feinen Küche —

1 Den Backofen auf 200° vorheizen. Das Suppengemüse putzen und klein würfeln. Den Rehrücken parieren (s. Tipp), die Abschnitte aufbewahren. Das Fleisch waschen und trocken tupfen. Den Rehrücken mit Salz und Pfeffer würzen und in einer großen ofenfesten Pfanne in 2 EL Butterschmalz rundum anbraten. Das Fleisch dann mit der Knochenseite nach unten in den heißen Ofen (Mitte) geben und ca. 35 Min. garen.

2 Währenddessen für die Sauce die Fleischabschnitte mit dem Suppengemüse in einem Topf im restlichen EL Butterschmalz bei großer Hitze anbraten und braun rösten. Dann die Fleischbrühe und den Rotwein angießen und aufkochen. Wacholderbeeren und Lorbeerblatt dazugeben und alles ca. 15 Min. offen kochen lassen.

3 Die Birnen schälen, den Stiel jedoch daran belassen. Birnen halbieren und das Kerngehäuse mit einem Kugelausstecher herauslösen.

4 Weißwein und Birnen in einen Topf geben. Den Wein aufkochen und die Birnen zugedeckt in ca. 5 Min. bei kleiner Hitze weich dünsten. Die gedünsteten Birnen aus dem Sud nehmen und warm halten.

5 Den Rotwein-Saucenfond durch ein Sieb passieren und nochmals um ca. die Hälfte einkochen. Die Stärke mit 1 EL Wasser anrühren und unter die Sauce mischen. Die Sauce unter Rühren erneut aufkochen und binden. Anschließend die Sauce mit Salz und Pfeffer abschmecken.

6 Das Johannisbeergelee in die Kerngehäuse-Aushöhlung der Birnen füllen. Die Butter in einem kleinen Topf schmelzen.

7 Den Rehrücken aus dem Backofen nehmen, die beiden Fleischstränge vom Knochen lösen. Die Fleischstränge schräg in Scheiben schneiden und nach Belieben dachziegelartig wieder auf dem Knochen anrichten. Mit der flüssigen Butter bepinseln. Den Rehrücken mit den Birnen auf einer Platte servieren. Dazu passen Butternudeln oder Spätzle.

1 Bund Suppengemüse (Möhre, Sellerie, Lauch)
1 Rehrücken mit Knochen (ca. 2 kg)
Salz
Pfeffer
3 EL Butterschmalz
600 ml Fleischbrühe
400 ml Rotwein
3 Wacholderbeeren
1 Lorbeerblatt
4 reife Birnen
150 ml Weißwein
1 TL Speisestärke
2 EL Johannisbeergelee
2 EL Butter

MEIN TIPP: *Das Fleisch ist so zart, dass jedes Häutchen stören würde. Deshalb den Rehrücken parieren, d.h. die noch anhaftenden Sehnen und feinen Silberhäutchen mit einem scharfen Messer entfernen.*

REHSCHNITZEL MIT PISTAZIEN-CREME UND QUITTEN

Für 4 Portionen
Zubereitungszeit: 1 Std.
Pro Portion: 715 kcal,
47 g E, 31 g F, 52 g KH

— *Wild-aromatisch* —

Für die Quitten und das Schnitzel
2 reife Quitten
1 EL Zitronensaft
3 EL Zucker
2 Gewürznelken
1 Lorbeerblatt
1 Zimtstange
200 ml Weißwein
300 ml Apfelsaft
8 Rehschnitzel aus der Keule (à ca. 80 g)
2 EL Öl
Salz
Pfeffer
5 EL Mehl

Für die Pistazien-Creme
80 g Weißbrot
300 ml Milch
150 g Pistazienkerne
2 Knoblauchzehen
6 Zweige Thymian
Salz
Pfeffer

1 Von den Quitten zunächst den Flaum mit einem Geschirrtuch gründlich abreiben. Die Quitten schälen, vierteln, entkernen und in schmale Scheiben schneiden. Die Scheiben sofort mit dem Zitronensaft mischen.

2 Den Zucker in einen Topf geben und goldgelb karamellisieren. Quitten, Gewürznelken, Lorbeer und Zimtstange dazugeben und unterrühren. Wein und Apfelsaft angießen und aufkochen. Alles bei mittlerer Hitze 15–20 Min. leicht köcheln lassen, zum Schluss nochmals abschmecken.

3 Inzwischen den Backofen auf 190° (Umluft) vorheizen. Für die Pistazien-Creme das Brot in ca. 1 cm große Stücke reißen. Diese auf ein Backblech geben und im heißen Ofen (Mitte) in ca. 7 Min. goldbraun rösten.

4 Die gerösteten Brotstücke in eine Schüssel geben und die Milch darübergießen. Die Brotstücke etwas ziehen lassen, dann ausdrücken und in einen hohen Rührbecher geben. Milch und Brot beiseitestellen.

5 Die Pistazien in einer Pfanne ohne Fett rösten. Knoblauch schälen und grob schneiden. Thymian abbrausen, trocken schütteln und die Blättchen abstreifen. Pistazien, Knoblauchzehen und Thymian mit Salz und Pfeffer zum eingeweichten Brot geben und alles mit einem Pürierstab glatt rühren, dabei nach und nach so viel Milch untermixen, bis eine sämige Creme entsteht. Die Pistazien-Creme nochmals abschmecken.

6 Die Rehschnitzel waschen, trocken tupfen und mit einem Plattier-Eisen zwischen zwei Lagen Frischhaltefolie flach klopfen.

7 In einer großen Pfanne das Öl erhitzen, die Rehschnitzel mit Salz und Pfeffer würzen, in Mehl wenden, gut abklopfen und im heißen Öl von beiden Seiten goldbraun braten. Die Schnitzel und Quitten auf vorgewärmten Tellern anrichten. Die Pistazien-Creme dazu servieren.

WILDSCHWEINSTEAK MIT BROMBEERSAUCE

Für 4 Portionen
Zubereitungszeit: 1 Std.
Pro Portion: 600 kcal,
38 g E, 42 g F, 17 g KH

— Mit Popcorn und Maisgemüse —

3 Schalotten
250 g Brombeeren
3 EL Öl
3 EL Sojasauce
250 ml Johannisbeersaft
500 ml Wildfond (aus dem Glas)
3 Stängel Majoran
2 Lorbeerblätter
700 g Wildschweinfleisch (aus der Oberschale oder aus dem Rücken)
Salz
1 Knoblauchzehe
3 Zweige Thymian
4 Maiskolben ohne grüne Blätter
4 EL Butter
Pfeffer
Zucker
1 TL Maisstärke
2 EL Sonnenblumenöl
1 EL Popcornmais
1 Bund Schnittlauch

1 Die Schalotten schälen und in feine Würfel schneiden. Die Brombeeren verlesen, ggf. vorsichtig abbrausen und abtropfen lassen. Die Schalottenwürfel in einem Topf in 1 EL Öl andünsten. Die Hälfte der Brombeeren dazugeben. Sojasauce und Johannisbeersaft dazugießen und aufkochen. Die Brühe dazugießen. 2 Stängel Majoran abbrausen und mit dem Lorbeer dazugeben. Alles erneut aufkochen und bei mittlerer Hitze offen um ca. zwei Drittel einkochen. Inzwischen den Backofen auf 95° vorheizen.

2 Das Wildfleisch waschen, trocken tupfen und daraus 4 Steaks zuschneiden. Steaks trocken tupfen, ggf. leicht plattieren und mit etwas Salz bestreuen. Die übrigen 2 EL Öl in einer ofenfesten Pfanne erhitzen. Die Steaks darin von beiden Seiten kurz kräftig anbraten. Die Knoblauchzehe schälen und andrücken. Thymian waschen, trocken schütteln und mit dem Knoblauch zum Fleisch in die Pfanne geben. Die Pfanne in den heißen Ofen (Mitte) geben und die Steaks in ca. 15 Min. fertig garen.

3 Inzwischen den Mais abbrausen und abtropfen lassen. Von den Kolbenenden jeweils einige »Rädchen« abschneiden. Übrige Maiskörner vom Kolben schneiden und mit den Rädchen in der Butter andünsten. Mit Salz, Pfeffer und 1 Prise Zucker würzen und zugedeckt weich dünsten.

4 Maisstärke mit etwas Wasser verrühren, zur eingekochten Saftmischung geben und alles unter Rühren einmal aufkochen. Die Sauce durch ein feines Sieb passieren, mit Salz und Pfeffer abschmecken und warm halten.

5 In einem Topf 2 EL Zucker schmelzen. Restliche Brombeeren dazugeben und kurz karamellisieren. Übrigen Majoran abbrausen und trocken schütteln. Die Blättchen abzupfen und unter die Brombeeren mischen.

6 Das Fleisch aus dem Ofen nehmen und zugedeckt kurz ruhen lassen. Inzwischen in einer kleinen Pfanne das Sonnenblumenöl erhitzen. Den Popcornmais einstreuen und zugedeckt aufpuffen lassen.

7 Schnittlauch abbrausen, trocken schütteln, fein schneiden und unter den Mais mischen. Das Gemüse mit Salz, Pfeffer und Zucker abschmecken und mit Steaks, karamellisierten Brombeeren und etwas Sauce anrichten. Alles mit Popcorn garnieren. Übrige Sauce extra dazu reichen.

Hähnchen

Meine Kinder essen am liebsten Hähnchen aus dem Ofen – schön knusprig im Ganzen gebacken und mit Estragon gewürzt. Sobald das Hähnchen gar ist, kommt es auch im Ganzen auf den Tisch und jeder nimmt sich ein Stück. Eigentlich müsste es gar nichts dazu geben, doch Ofenkartoffeln und ein bunter Salat dürfen schon sein.

Sobald das Hähnchen abgegessen ist, kommt mein liebster Teil: die Knochen abnagen. Das hört sich etwas martialisch an, aber auch das kleinste Fitzelchen Fleisch will gegessen werden.

Schon gewusst?

- Hähnchen können auch Hühnchen sein. Denn die meisten Tiere werden vor der Geschlechtsreife mit **5–6 Wochen** geschlachtet.
- **Bio-Geflügel** und auch Hähnchen aus bäuerlicher Freilandhaltung bekommen mehr Zeit zum Wachsen und haben mehr Platz im Stall und Auslauf. Deshalb sind sie teurer.
- Brathähnchen heißen, je nach Landstrich, auch **Poulet, Broiler, Gickerl oder Hendl**. Bestellt man im Rheinland einen »halven Hahn«, so bekommt man allerdings kein Geflügel, sondern ein halbes Roggenbrötchen mit Käse.
- Hähnchenfleisch enthält **kaum Fett**, dafür Vitamine, Mineralstoffe und Eiweiß, was von unserem Körper gut verwertet werden kann.
- Wissenschaftler raten davon ab, rohes Hähnchenfleisch zu waschen. Denn das hilft nicht gegen eine mögliche Keimbelastung. Das Fleisch vor der Zubereitung trocken tupfen und immer **vollständig durchgaren**.

ZWEIERLEI VOM HUHN MIT KRÄUTERN

Für 4 Portionen
Zubereitungszeit: 1 Std.
Pro Portion: 670 kcal,
62 g E, 42 g F, 10 g KH

— Raffiniert —

Für die Hähnchenbrustfilets

3 Zweige Thymian
6 Stängel Estragon
2 Stängel glatte Petersilie
1 EL Senf
1 Eigelb
2 EL Olivenöl
2 EL Semmelbrösel
4 EL gemahlene Mandeln
Salz
Pfeffer
4 kleine Hähnchenbrustfilets

Für die Hähnchenkeulen

4 Schalotten
2 Knoblauchzehen
½ Bund Bärlauch
½ Bund glatte Petersilie
2 EL Gartenkresse
½ Bund Schnittlauch
4 kleine Hähnchenkeulen
Salz
Pfeffer
1 EL Butterschmalz
50 ml Weißwein (oder Geflügelfond)

1 Für die Hähnchenbrustfilets die Kräuter waschen und trocken tupfen. Die Blättchen abzupfen bzw. abstreifen und fein hacken. Den Senf mit Eigelb, Öl, Semmelbröseln, Mandeln und Kräutern verrühren und mit Salz und Pfeffer würzen. Den Backofen auf knapp 200–225° vorheizen. Ein Backblech mit Backpapier belegen.

2 Die Hähnchenbrustfilets trocken tupfen, leicht salzen und pfeffern und mit der Kräutermischung bestreichen. Die Filets auf das Backblech setzen und im heißen Ofen (Mitte) 15–20 Min. garen.

3 Für die Keulen Schalotten und Knoblauch schälen und in feine Scheiben schneiden. Bärlauch, glatte Petersilie und Kresse verlesen, waschen, trocken schütteln und grob hacken. Schnittlauch abbrausen, trocken tupfen und in feine Röllchen schneiden. Die Kräuter mischen.

4 Die Hähnchenkeulen trocken tupfen, die Haut mit der Hand vorsichtig lösen und anheben. Den Kräutermix auf dem Fleisch verteilen. Die Haut vorsichtig wieder darüberziehen und mit Salz und Pfeffer würzen.

5 In einer Pfanne das Butterschmalz erhitzen und die Hähnchenkeulen darin rundherum goldbraun anbraten, dann herausnehmen. Schalotten und Knoblauch im Bratfett andünsten und mit etwas Salz und Pfeffer würzen. Den Bratsatz mit Weißwein ablöschen. Dann die Hähnchenkeulen erneut in die Pfanne legen und zugedeckt im Bratfond bei kleiner bis mittlerer Hitze in 15–20 Min. gar ziehen lassen.

6 Die fertigen Hähnchenbrustfilets aus dem Ofen nehmen und ggf. noch etwas ruhen lassen. Die Hähnchenkeulen mit etwas Schmorfond auf vier Tellern anrichten. Die Hähnchenbrustfilets aufschneiden und dazulegen. Dazu passt frischer Blattsalat.

GESCHMORTE HÄHNCHENKEULEN IN ROTWEINSAUCE

Für 4 Portionen
Zubereitungszeit: 45 Min.
Pro Portion: 795 kcal,
51 g E, 58 g F, 8 g KH

— Aromatischer Klassiker —

4 Hähnchenkeulen
Salz
Pfeffer
2 EL Mehl
2 EL Olivenöl
2 EL Butter
300 ml Rotwein
300 ml Geflügelbrühe
3 Zweige Thymian
6 Schalotten
200 g Champignons
100 g Frühstücksspeck
1 Knoblauchzehe
½ Bund glatte Petersilie

1 Die Hähnchenkeulen waschen und trocken tupfen. Die Hähnchenkeulen rundherum mit Salz und Pfeffer würzen und leicht mit dem Mehl bestäuben, überschüssiges Mehl sanft abklopfen.

2 In einem Schmortopf das Olivenöl und 1 EL Butter erhitzen. Die Hähnchenkeulen darin von allen Seiten bei mittlerer bis großer Hitze anbraten. Anschließend mit Rotwein und Brühe ablöschen. Den Thymian abbrausen und dazugeben. Die Hähnchenkeulen im Rotweinsud zugedeckt bei kleiner bis mittlerer Hitze ca. 25 Min. schmoren lassen.

3 In der Zwischenzeit die Schalotten schälen und vierteln. Die Champignons putzen und mit einem Tuch säubern, dann ebenfalls vierteln. Den Speck ohne Schwarte und Knorpel in feine Streifen schneiden.

4 In einer Pfanne den restlichen EL Butter erhitzen. Schalotten, Champignons und Speck darin unter Wenden anbraten.

5 Den Knoblauch schälen, fein schneiden und unter den Hähnchen-Schmorfond mischen. Die Hähnchenkeulen aus dem Schmorfond nehmen und warm stellen. Den Schmorfond offen bei großer Hitze kräftig einkochen, dann mit Salz und Pfeffer abschmecken.

6 Die Petersilie abbrausen und trocken schütteln. Die Blättchen abzupfen und fein schneiden. Die Hähnchenkeulen auf vier Tellern anrichten und mit der Schmorsauce überziehen. Zwiebeln, Pilze und Speck darübergeben. Die geschmorten Hähnchenkeulen mit der Petersilie bestreuen und servieren. Dazu passt Baguette oder Kartoffelstampf.

HÄHNCHENBRUST MIT RHABARBERGEMÜSE

Für 4 Portionen
Zubereitungszeit: 1 Std.
Pro Portion: 590 kcal,
34 g E, 30 g F, 45 g KH

— *Raffinierte Frühjahrsküche* —

Salz
150 g Basmati-Reis
2 EL Butter
2 Zweige Thymian
3 EL Butterschmalz
4 Hähnchenbrustfilets mit Haut
750 g Rhabarber
1 Bund Minze
1 Bund glatte Petersilie
1 Zwiebel
1 Prise weißer Pfeffer
1 Prise Kardamom
3 Korianderkörner
1 Prise gemahlene Kurkuma
4 TL Zucker
200 ml Hühnerbrühe

1 In einem breiten Topf reichlich Wasser mit Salz zum Kochen bringen. Den Reis gründlich waschen, in das kochende Wasser geben und umrühren. Den Reis ca. 7 Min. kochen, dann in ein Sieb abschütten und unter fließendem Wasser gründlich abbrausen.

2 Die Butter in den Topf geben und schmelzen, den abgetropften Reis dazugeben und zu einem Kegel schichten. Die Hitze reduzieren und den Reis zugedeckt bei sehr kleiner Hitze in 20–30 Min. gar dämpfen.

3 Den Backofen auf 110° vorheizen. Thymian abbrausen und gut trocken schütteln. In einer ofenfesten Pfanne 1 ½ EL Butterschmalz erhitzen. Die Hähnchenbrustfilets waschen und trocken tupfen, salzen und von beiden Seiten in der Pfanne anbraten. Zum Schluss das angebratene Fleisch auf die Hautseite legen, Thymianzweige zum Aromatisieren dazugeben und die Filets im heißen Ofen (Mitte) in ca. 20 Min. fertig garen.

4 Für das Gemüse den Rhabarber waschen, putzen, schälen und in Stücke schneiden. Minze und Petersilie abbrausen und trocken schütteln. Die Blättchen abzupfen und bis auf einen kleinen Rest fein schneiden. Die Zwiebel schälen und fein schneiden.

5 In einer tiefen Pfanne das restliche Butterschmalz erhitzen, die Zwiebel darin anschwitzen. Die Hälfte der fein geschnittenen Kräuter dazugeben, weißen Pfeffer, Kardamom, Koriander und Kurkuma dazugeben und die Zwiebel-Gewürz-Mischung kurz anbraten. Dann die Rhabarberstücke dazugeben, mit je 1 Prise Salz und dem Zucker würzen und kurz mitbraten. Alles mit der Hühnerbrühe ablöschen und ca. 5 Min. köcheln lassen.

6 Rhabarbergemüse nochmals mit Salz und Zucker abschmecken, es sollte süßsauer schmecken. Übrige fein geschnittene Kräuter untermischen.

7 Die gegarten Hähnchenbrustfilets aufschneiden und auf vier Tellern anrichten. Das Rhabarbergemüse und den Reis dazugeben und alles mit den restlichen Kräuterblättchen garniert servieren.

Ente und Gans

Naht der Winter sehnen wir uns nach wärmenden Gerichten. Die dunkle Jahreszeit bietet oft Gelegenheit für Festschmäuse. Ente und Gans haben dann pralle Brust und Keule.

So ein Braten muss gewürdigt werden! Eine Gans ist teuer, weil sie viel Futter verfrisst. Also Respekt und Planung, das bedeutet, dass man früher aufstehen sollte als sonst. Eine Gans benötigt mindestens zwei Stunden Zeit im Ofen, oft auch vier – je nach Größe.

Die Ente ist weniger problematisch. Französische Enten sind meist innerhalb einer Stunde rosa gebraten. Im Aroma unvergleichlich ist die deutsche Bauernente, besonders wenn sie aus einer guten Haltung stammt. Für eine knusprige Haut sollte sie für eineinhalb Stunden in den Ofen.

Schon gewusst?

- Ganze Enten oder Gänse kaufen Sie am besten **auf dem Bauernmarkt, im Bioladen und beim guten Metzger**. Manchmal muss man das Geflügel dort vorbestellen. Manche Züchter vermarkten ihre Tiere auch direkt ab Hof.
- **Bauernenten**, die auch Hausenten heißen, wiegen zwischen 1 ½ und 2 ½ kg und sind recht fett. **Flug- oder Barbarieenten** haben dank ihrer kräftigeren Muskulatur mehr Brustfleisch und weniger Fett.
- Der **weihnachtliche Enten- oder Gänsebraten** wird klassisch mit Äpfeln, im Norden auch mit Kartoffeln, im Badischen mit eingelegten Dörrpflaumen und im Rheinland mit Maronen und Lebkuchen gefüllt.
- **Geschichte(n)** von der Martinsgans: Vor über 1600 Jahren hatte sich Martin von Tours aus Bescheidenheit in einem Gänsestall versteckt, als er zum Bischof geweiht werden sollte. Die schnatternden Tiere verrieten ihn jedoch. Eine profanere Erklärung: Knechte bekamen früher zum Schluss des bäuerlichen Arbeitsjahres oft eine Gans als zusätzlichen Lohn. Und das Jahr endete am 11. November, dem Namenstag des heiligen Martin.

ENTENBRUST MIT ROTE-BETE-APFEL UND RÖSTI

Für 4 Portionen
Zubereitungszeit: 40 Min.
Pro Portion: 600 kcal,
21 g E, 39 g F, 27 g KH

— Mit Meerrettich-Dip —

Für die Entenbrust
2 Entenbrustfilets mit Haut (à ca. 250 g)
100 ml Rapsöl
Salz

Für den Rote-Bete-Apfel
2 EL Zucker
200 ml Portwein
1 Rote Bete
Salz
1 Apfel

Für den Rösti
3 vorwiegend festkochende Kartoffeln
Salz
4 EL Olivenöl

Für den Meerrettich-Dip
120 g saure Sahne
Salz
1 TL frisch geriebener Meerrettich

1 Die Entenbrustfilets waschen, trocken tupfen und die Haut mit einem scharfen Messer rautenförmig einschneiden.

2 Das Rapsöl in einer Pfanne erhitzen. Die Entenbrustfilets salzen und bei mittlerer Hitze auf der Hautseite ca. 8 Min. braten. Dann die Hitze erhöhen und die Filets weiterbraten, bis die Haut knusprig ist. Inzwischen den Backofen auf 60° vorheizen. Ein Backblech mit Backpapier belegen, das Ofengitter daraufsetzen.

3 Die Entenbrustfilets wenden und bei kleinerer Hitze in der Pfanne auf der Fleischseite ca. 4 Min. braten. Dann auf das Ofengitter setzen und im heißen Ofen (Mitte) ca. 3 Min. ruhen lassen.

4 Für den Rote-Bete-Apfel den Zucker in einem Topf goldbraun karamellisieren. Mit Portwein ablöschen und die Flüssigkeit einmal aufkochen. Die Rote Bete schälen (dabei Einmalhandschuhe tragen) und auf einer feinen Reibe in den Portwein reiben. Mit Salz würzen und leicht köcheln lassen.

5 Für einen großen Rösti die Kartoffeln schälen und waschen, grob raspeln und kräftig mit Salz würzen. Das Olivenöl in einer Pfanne erhitzen, die Kartoffelraspel gleichmäßig darin verteilen und in ca. 3 Min. goldbraun braten. Dann den Rösti wenden und die andere Seite ebenfalls in ca. 3 Min. goldbraun braten. Den Rösti vorsichtig aus der Pfanne nehmen und auf Küchenpapier abtropfen lassen.

6 Für den Meerrettich-Dip die saure Sahne mit 1 Prise Salz und dem geriebenen Meerrettich verrühren und abschmecken.

7 Den Apfel schälen, halbieren und das Kerngehäuse entfernen. Das Fruchtfleisch in ca. 4 mm große Würfel schneiden. Die Apfelwürfel zum Rote-Bete-Portwein geben und ca. 40 Sek. mitgaren.

8 Den Rösti in vier Streifen schneiden und auf Teller verteilen. Die Entenbrustfilets längs halbieren und auf den Röstistücken anrichten. Mit dem Meerrettich-Dip und dem Rote-Bete-Apfel servieren.

GESCHMORTE ENTENKEULEN MIT WALNUSS UND GRANATAPFEL

Für 4 Portionen
Zubereitungszeit: 1 Std. 30 Min.
Pro Portion: 1 190 kcal, 40 g E, 73 g F, 94 g KH

— *Orientalisch angehaucht* —

Für die geschmorten Keulen
2 rote Zwiebeln
4 Entenkeulen
2 EL Butterschmalz
Salz
1 Prise gemahlene Kurkuma
200 ml Granatapfelmelasse (aus dem orientalischen Lebensmittelgeschäft)
300 ml Geflügelbrühe
150 g Walnusskerne
Zucker
1 Granatapfel

Für den Reis
300 g Basmati-Reis
Salz
3 EL Butter

1 Die Zwiebeln schälen und in feine Würfel schneiden. Von den Entenkeulen zunächst die Haut abziehen, dann die Keulen im Gelenk durchtrennen. Das Fleisch waschen und trocken tupfen.

2 In einem Schmortopf das Butterschmalz erhitzen. Die Keulenstücke mit Salz und Kurkuma würzen und im Schmortopf bei mittlerer Hitze rundum goldbraun anbraten. Dann die Zwiebeln dazugeben, kurz mitbraten und mit 100 ml Granatapfel-Melasse ablöschen. Soviel Brühe angießen, dass die Fleischstücke ca. zur Hälfte in der Flüssigkeit liegen. Die Entenkeulen zugedeckt leicht köchelnd in ca. 45 Min. weich schmoren, dabei evtl. zwischendurch etwas Brühe nachgießen.

3 In der Zwischenzeit den Reis lauwarm waschen, abtropfen lassen. Reichlich Salzwasser aufkochen, den Reis einstreuen und ca. 7 Min. köcheln lassen. Dann den Reis in ein Sieb abgießen, gründlich mit lauwarmem Wasser waschen und abtropfen lassen.

4 Die Butter in einem breiten Topf schmelzen. Den vorgegarten Reis dazugeben und zu einem Kegel schichten. Den Topf mit einem doppelt gelegten sauberen Geschirrtuch bedecken. Den Reis zugedeckt bei sehr kleiner Hitze in ca. 20 Min. gar dämpfen.

5 Die Walnusskerne grob mahlen oder hacken. In einer Pfanne ohne Fett die Walnüsse bei kleiner Hitze ca. 8 Min. rösten, dann mit restlicher Granatapfelmelasse ablöschen und nochmals ca. 8 Min. köcheln lassen.

6 Die Walnuss-Melasse-Mischung ca. 10 Min. vor Ende der Schmorzeit der Keulen mit in den Schmortopf geben und noch 10 Min. mitköcheln lassen. Die Schmorsauce mit Salz und 1 Prise Zucker abschmecken.

7 Den Granatapfel halbieren, die Kerne herauslösen. Zum Servieren das geschmorte Entenfleisch nach Wunsch von den Knochen lösen und anrichten, mit der Walnusssauce überziehen und mit den Granatapfelkernen bestreuen. Dazu den Reis servieren.

GÄNSEKEULEN MIT ÄPFELN UND MARONEN

Für 4 Portionen
Zubereitungszeit: 3 Std.
Pro Portion: 1000 kcal,
42 g E, 58 g F, 47 g KH

— Feine Winterküche —

1 Für die Gänsekeulen den Backofen auf 240° vorheizen. Zwiebeln und Knoblauch schälen und würfeln. Möhren, Sellerie und Lauch putzen, schälen bzw. waschen und in Stücke schneiden. Thymian abbrausen, trocken schütteln und grob zerzupfen. Alles mit Lorbeer, Salz und Pfeffer in einem großen Bräter mischen. Die Gänsekeulen waschen und trocken tupfen. Mit Salz und Pfeffer würzen und auf das Gemüse im Bräter legen. So viel Wasser angießen, dass die Keulen zu zwei Dritteln mit Flüssigkeit bedeckt sind. Den Bräter zugedeckt in den heißen Ofen (Mitte) geben und Keulen und Gemüse ca. 1 Std. 30 Min. schmoren, bis sich das Keulenfleisch vom Knochen zu lösen beginnt.

2 Währenddessen in einem Topf 20 g Zucker mit dem Rotwein mischen, unter Rühren aufkochen und den Rotwein offen auf ca. 100 ml einkochen.

3 Die Äpfel schälen und achteln, die Kerngehäuse entfernen. Die Maronen halbieren. Die Äpfel in der Butter in einer Pfanne rundherum goldgelb anbraten. Maronen mit Zucker und Zimt unterschwenken. Mit Salz und Pfeffer abschmecken. Schnittlauch abbrausen und trocken schütteln, fein schneiden und unterrühren. Die Mischung warm halten.

4 Gegarte Keulen vorsichtig aus dem Bräter heben und auf ein Backblech geben. Die Backofentemperatur auf 240° erhöhen oder den Backofengrill vorheizen. Die Gänsekeulen im heißen Ofen (Mitte) knusprig braten, dabei aufpassen, dass die Keulen nicht verbrennen.

5 Den Schmorsud durch ein Sieb in einen Topf passieren. In einem zweiten Topf die restlichen 20 g Zucker karamellisieren. Mit dem Schmorsud Kelle für Kelle ablöschen und alles unter ständigem Rühren einkochen, bis eine sämige Sauce entsteht. Dann den eingekochten Wein unterrühren. Die Sauce abschmecken und ggf. noch etwas einköcheln lassen.

6 Gänsekeulen mit etwas Sauce und der Äpfel-Maronen-Mischung anrichten. Übrige Sauce und nach Belieben auch Preiselbeeren dazu servieren. Dazu passt auch Selleriepüree. Dafür 1 kg grob gewürfelten Knollensellerie mit etwas Knoblauch, Salz und je 100 ml Weißwein und Gemüsebrühe zugedeckt in ca. 15 Min. bei kleiner Hitze weich dünsten, mit 2 EL Rapsöl cremig pürieren und mit Salz und Pfeffer abschmecken.

Für die Gänsekeulen
2 Zwiebeln
1 Knoblauchzehe
150 g Möhren
150 g Knollensellerie
1 Stange Lauch
3 Zweige Thymian
2 Lorbeerblätter
Salz
Pfeffer
4 Gänsekeulen
40 g Zucker
750 ml trockener Rotwein

Für Äpfel und Maronen
2 säuerliche Äpfel
100 g gegarte, geschälte Maronen (Esskastanien; vakuumverpackt)
1 EL Butter
1 EL Zucker
1 Prise Zimtpulver
Salz
Pfeffer
½ Bund Schnittlauch

Außerdem
2 EL Preiselbeeren (aus dem Glas; nach Belieben)

FISCH

Ob Bachsaibling mit Kartoffel-Gurken-Gemüse, würzig gefüllte Forelle oder Schollenfilet mit Speckerbsen und Gremolata: Auch frischer Fisch aus unseren Gewässern steht immer wieder auf der Speisekarte des ARD-Buffets – mal klassisch zubereitet, mal ungewöhnlich mit Süßholz aromatisiert. Und immer ein guter Fang!

Saibling

Der Saibling besticht schon durch die wunderschöne Farbe seines Fleisches und ist somit nicht nur eine absolute Gaumenfreude, sondern auch ein Hingucker in jedem Gericht.

Ich bin kein großer Fan von Fischhaut, doch die vom Saibling ist schön knusprig gebraten wirklich lecker.

Schon gewusst?

- Saiblinge gehören (wie auch die Forellen) zu den **Lachsfischen**.
- Ihre **ursprüngliche Heimat** sind die kühlen Seen und Flüsse im **Norden Amerikas**. Erst gegen **Ende des 19. Jahrhunderts** wurden die heute so beliebten Speisefische auch in europäische Gewässer gesetzt.
- Saiblinge sind als Jungtiere **im Schwarm** unterwegs, später werden sie zum **»Einzelschwimmer«**.
- In Deutschland züchtet man Saiblinge erfolgreich in Aquakulturen. Dabei stellen die Fische hohe Ansprüche an die ökologischen Bedingungen. Um gut zu gedeihen brauchen sie **sehr kaltes, sauerstoffreiches und vor allem sauberes Wasser**.
- Das feste Fleisch hat einen **feinen, leicht mineralischen Geschmack** und schmeckt sanft gedünstet oder pochiert besonders gut, verträgt aber auch Räuchern, Braten oder Grillen. In bayerischen Biergärten werden Saiblinge über heißer Glut als »Steckerlfisch« zubereitet.

NUSS-RISOTTO MIT SAIBLING UND FELDSALAT

Für 4 Portionen
Zubereitungszeit: 1 Std.
Pro Portion: 865 kcal,
55 g E, 53 g F, 43 g KH

— *Mit mediterraner Note* —

1 Die Saiblingsfilets abbrausen und mit Küchenpapier trocken tupfen.

2 Für den Risotto die Walnuss- und Haselnusskerne in einer Pfanne ohne Fett anrösten, anschließend grob hacken. Die Schalotte schälen und in Würfel schneiden. Den Parmesan fein reiben.

3 1 EL Butter in einer großen Pfanne erhitzen. Die Schalottenwürfel darin anschwitzen. Den Reis einstreuen und unter Rühren ebenfalls kurz farblos anschwitzen. Währenddessen die Brühe in einem Topf aufkochen.

4 Die Knoblauchzehe andrücken und zum Reis geben, das Lorbeerblatt ebenfalls hinzufügen. Nun etwas heiße Brühe angießen und immer, wenn die Brühe verkocht ist, wieder etwas Brühe nachgießen, dabei beständig rühren. Der Kochvorgang dauert 15–20 Min., je nach Reissorte.

5 In der Zwischenzeit für den Salat den Feldsalat putzen, waschen und abtropfen lassen. Balsamico, Olivenöl und Senf zu einem Dressing vermischen. Die Vinaigrette mit Salz und Pfeffer würzen.

6 Sobald der Reis fast fertig gegart ist, die Saiblingsfilets leicht salzen. Die Butter in einer Pfanne erhitzen. Die Filets darin auf der Hautseite knusprig braten, auf die Fleischseite wenden und kurz fertig braten.

7 Lorbeer und Knoblauch aus dem Risotto-Reis entfernen. 3 EL eiskalte Butter und den Parmesan unter den Risotto rühren.

8 Den restlichen EL Butter für den Nuss-Risotto in einem kleinen Topf aufschäumen lassen und die gehackten Nüsse unterschwenken.

9 Zum Servieren den Salat mit der Balsamico-Vinaigrette vermischen. Den Risotto auf vorgewärmte Teller verteilen. Die gebräunte Butter mit den Nüssen darüberträufeln. Die gebratenen Fischfilets jeweils daraufsetzen. Den Feldsalat daneben anrichten und alles sofort servieren.

Für den Saibling
4 Saiblingsfilets mit Haut (à 100 g)
Salz
1 EL Butter

Für den Nuss-Risotto
40 g Walnusskerne
50 g geschälte Haselnusskerne
1 Schalotte
30 g Parmesan
2 EL Butter + 3 EL kalte Butter
200 g Risotto-Reis
800 ml Geflügelbrühe
1 Knoblauchzehe
1 Lorbeerblatt
Salz

Für den Salat
80 g Feldsalat
2 EL Aceto balsamico
3 EL Olivenöl
1 TL Dijon-Senf
Salz
Pfeffer

BACHSAIBLING MIT KARTOFFEL-GURKEN-GEMÜSE

Für 4 Portionen
Zubereitungszeit: 1 Std.
Pro Portion: 460 kcal,
42 g E, 25 g F, 16 g KH

— *Einfach gut* —

Für das Gemüse
500 g festkochende Kartoffeln
Salz
1 Zwiebel
½ Salatgurke
3 Stängel Dill
2 EL Butterschmalz
1 TL dunkle Senfsamen (s. Tipp)

Für den Bachsaibling
800 g Bachsaiblingsfilets mit Haut
Salz
Pfeffer
2 EL Öl zum Anbraten
1 Knoblauchzehe
1 Zweig Thymian (am besten Zitronenthymian)
1 EL Butter

1 Für das Gemüse die Kartoffeln waschen und in einem Topf mit gesalzenem Wasser zugedeckt in 20–30 Min. gar kochen. Anschließend abgießen, etwas ausdampfen lassen und pellen.

2 Die Zwiebel schälen und in feine Streifen schneiden. Die Gurke putzen, schälen und längs halbieren. Die Kerne mit einem Teelöffel herausschaben. Das Fruchtfleisch quer in ca. 1 cm dicke Halbmonde schneiden.

3 Den Dill abbrausen, trocken schütteln und fein schneiden. Die gepellten Kartoffeln in grobe Würfel schneiden.

4 In einer tiefen Pfanne das Butterschmalz erhitzen und die Senfsamen darin rösten. Die Zwiebeln und Kartoffeln dazugeben und kurz mitbraten. Dann die Gurken dazugeben, alles kurz durchschwenken und den frischen Dill darüberstreuen. Das Gemüse warm halten.

5 Für den Saibling die Fischfilets abbrausen und trocken tupfen. Die Filets in Portionen schneiden und mit Salz und Pfeffer würzen.

6 Das Öl in einer Pfanne erhitzen. Filets auf der Hautseite hineingeben und bei mittlerer Hitze braten. Die Haut soll knusprig werden und das Fischfleisch dabei sanft garen. Die Knoblauchzehe schälen, mit dem Messerrücken flach andrücken und in die Pfanne zum Fisch geben. Den Thymian abbrausen, trocken schütteln und ebenfalls in die Pfanne geben.

7 Zuletzt die Butter in die Pfanne geben, die Pfanne vom Herd ziehen und die Butter schmelzen. Die geschmolzene Butter mit einem Löffel über die Fischfilets träufeln, die Filets erst jetzt auf die Fleischseite wenden.

8 Das Kartoffel-Gurken-Gemüse auf vier vorgewärmten Tellern anrichten. Die Fischfilets mit der Hautseite nach oben darauflegen und servieren.

MEIN TIPP: *Hier passen dunkle Senfsamen am besten. Sie schmecken besonders aromatisch.*

Forelle

Mir sind die Forellen die liebsten Fische. Wichtig ist, dass die Augen klar sind und der Fisch seinen feuchten Schmelz auf der Haut hat. Die Schwanzflosse muss groß gefächert sein und darf sich nicht als Stummel zeigen. Dann nämlich waren die Fische im Zuchtteich zu sehr eingepfercht. Platzt die Haut einer Forelle beim Sieden oder Braten, so ist das ein Frischebeweis und keineswegs ein Mangel.

Der Gipfel unserer heimischen Salmoniden, ist für mich die rot gepunktete Bachforelle. Die am Bauch schillernden Regenbogenforellen sind anspruchsloser und wachsen auch schneller, sind deshalb etwas preiswerter. Aus guter Zucht stehen sie der Bachforelle aber kaum nach.

Lachsforellen erhalten ihre typische Farbe durch getrocknetes Krustentierfutter. Häufig wird allerdings auch mit etwas Carotin nachgeholfen.

Ich finde es wichtig, dass man lernt, den Fisch auf dem Teller selbst zu zerlegen. Das zwingt auch zum langsamen Essen, so wie es sich der Arzt wünscht.

Schon gewusst?

- Nicht nur die Lachsforelle mit ihrem rötlichen Fleisch – auch Regenbogen-, Bach- und Meeresforellen zählen zu den **lachsartigen Fischen**.
- Forellen tummeln sich in **Seen, Bächen und auch im Meer**. Die meisten, die auf unseren Tellern landen, sind **Regenbogenforellen**, die in Süßwasserteichen gezüchtet wurden.
- Das Fleisch der Forellen ist **zart und würzig**. Entscheidend für den Geschmack ist neben dem Futter die **Wasserqualität** des Zuchtteichs. Besonders schmackhaft sind Bachforellen aus sauerstoffreichen Fließgewässern. Echte Bachforellen sind aber zur Rarität geworden.
- Früher züchteten Mönche Fische als Fastenspeise. Der Legende zufolge galt eine Mahlzeit mit Forelle auch als **Mittel gegen Schwermut**.

GEFÜLLTE FORELLE MIT APFEL-LINSEN-GEMÜSE

— Schwäbische Spezialität —

Für 4 Portionen
Zubereitungszeit:
1 Std. 30 Min.
Einweichzeit: 3 Std.
Pro Portion: 735 kcal,
48 g E, 41 g F, 44 g KH

Für das Gemüse
250 g Alblinsen
2 Schalotten
2 Äpfel
Salz
1 EL Butter + 2 EL eiskalte Butter
80 ml Gemüsebrühe
3 EL Aceto balsamico
Pfeffer

Für die Forellen
4 frische Forellen (à ca. 350 g)
½ Bund glatte Petersilie
2 Schalotten
1 EL Butter
80 g Schwarzwälder Schinken in hauchdünnen Scheiben
Salz
Pfeffer
2 EL Mehl
4 EL Butterschmalz

1 Für das Gemüse die Linsen in einer Schüssel in reichlich Wasser ca. 3 Std. einweichen. Eingeweichte Linsen abschütten und in einem Topf mit reichlich Wasser in ca. 30 Min. bissfest kochen.

2 In der Zwischenzeit die Schalotten schälen und in feine Würfel schneiden. Die Äpfel schälen, vierteln und die Kerngehäuse entfernen. Die Apfelviertel ebenfalls in feine Würfel schneiden.

3 Sobald die Linsen bissfest gegart sind, das Kochwasser salzen. Die Linsen noch 3 Min. kochen lassen, dann abgießen und abtropfen lassen.

4 In einer Pfanne 1 EL Butter erhitzen und die Schalottenwürfel darin anschwitzen. Die Apfelwürfel dazugeben und kurz andünsten. Die abgetropften Linsen dazugeben, Gemüsebrühe und Balsamico angießen und kurz aufkochen. Die 2 EL eiskalte Butter untermischen und das Linsengemüse mit Salz und Pfeffer abschmecken und warm stellen.

5 Die Forellen abbrausen und mit Küchenpapier trocken tupfen. Die Forellen filetieren, dabei jedoch nicht am Schwanzende durchschneiden, dort sollen die Filets noch zusammenhalten.

6 Die Petersilie abbrausen, trocken schütteln und fein hacken. Die Schalotten schälen und in hauchdünne Ringe schneiden.

7 In einer Pfanne die Butter für die Forellen erhitzen und die Schalottenringe darin anschwitzen. Die Pfanne vom Herd ziehen und die Petersilie untermischen. Die vorbereiteten Forellen aufklappen, mit Schinkenscheiben und Petersilienschalotten belegen und wieder zusammenklappen. Die gefüllten Forellen mit Salz und Pfeffer würzen und in Mehl wenden.

8 Das Butterschmalz in einer großen Pfanne oder zwei Pfannen erhitzen. Die gefüllten Forellen darin auf jeder Seite bei kleiner bis mittlerer Hitze 6–9 Min. braten. Das Apfel-Linsen-Gemüse auf vier Teller verteilen und die gebratenen Forellen darauf anrichten.

MEIN TIPP: *Haben Sie einen guten Fischhändler? Dann bitten Sie ihn, das Filetieren der Fische zu übernehmen. Die Filets sollen am Schwanzende noch zusammenhalten.*

”

Guter Schwarzwälder Schinken gibt selbst in kleinen Mengen jedem Gericht – nicht nur dem Butterbrot, sondern auch dem Fisch – eine Nuance delikaten Rauchgeschmacks.

FISCH-KARTOFFEL-PLÄTZCHEN MIT SCHMORGURKEN

Für 4 Portionen
Zubereitungszeit: 1 Std.
Pro Portion: 530 kcal,
29 g E, 28 g F, 39 g KH

— leicht gemacht —

500 g mehligkochende Kartoffeln
Salz
2 EL Senfsamen
2 Möhren
1 Bund Dill
1 Frühlingszwiebel
1 Bio-Zitrone
2 Salatgurken
2 Schalotten
400 g geräuchertes Forellenfilet (ohne Haut und Gräten)
2 Eier
2 EL Senf
evtl. 5 EL Kartoffelstärke
frisch geriebene Muskatnuss
Piment d'Espelette (ersatzweise Cayennepfeffer)
3 EL Sonnenblumenöl
2 EL Butter
100 ml Gemüsebrühe
Pfeffer
1 Prise Zucker
1 Beet Gartenkresse

1 Die Kartoffeln abbürsten, waschen und in Salzwasser zugedeckt in 20–30 Min. gar kochen. Die Senfsamen in einem Topf mit reichlich Wasser weich kochen, anschließend abgießen und abtropfen lassen.

2 Inzwischen die Möhren waschen, schälen und fein reiben. Den Dill abbrausen und trocken schütteln. Die Spitzen fein schneiden. Die Frühlingszwiebel putzen, waschen und fein schneiden. Die Zitrone heiß abwaschen, abtrocknen und die Schale fein abreiben, etwas Saft auspressen.

3 Die Gurken waschen, schälen und längs halbieren. Die Kerne mit einem Löffel ausschaben. Anschließend die Gurkenhälften in ca. 5 cm lange Stäbchen schneiden. Die Schalotten schälen und fein würfeln.

4 Die gekochten Kartoffeln abgießen und kurz ausdampfen lassen, dann pellen und zerstampfen. Das Forellenfilet grob zupfen.

5 Die gestampften Kartoffeln und die geriebenen Möhren in eine Schüssel geben. Frühlingszwiebel, Dill, Zitronenabrieb, gezupftes Forellenfilet, Eier, 1 EL Senf und die Kartoffelstärke dazugeben und alles gut verkneten. Die Masse mit Salz, Muskat und Piment d'Espelette abschmecken. Falls die Masse zu feucht ist, noch 1–5 EL Kartoffelstärke unterkneten.

6 Aus der Masse tennisballgroße Kugeln formen und diese flach drücken. In einer Pfanne das Sonnenblumenöl erhitzen und die Plätzchen darin von jeder Seite in ca. 3 Min. bei mittlerer Hitze goldbraun anbraten. Anschließend die Plätzchen auf Küchenpapier abtropfen lassen.

7 In einem Topf die Butter schmelzen und die Schalotten darin glasig andünsten. Die Gurkenstäbchen und die gekochten Senfsamen dazugeben, alles mit der Gemüsebrühe ablöschen und glasieren.

8 Zum Schluss den restlichen EL Senf einrühren und die Gurken mit Salz, Pfeffer, Zucker und 1 Spritzer Zitronensaft abschmecken. Die Schmorgurken auf vorgewärmten Tellern anrichten. Die Kresse vom Beet schneiden und darüberstreuen. Die Plätzchen daraufsetzen und servieren.

LACHSFORELLE MIT MANGOLD UND FÄCHERKARTOFFELN

Für 4 Portionen
Zubereitungszeit: 1 Std.
Pro Portion: 995 kcal,
58 g E, 65 g F, 34 g KH

— *Mit zitrusfruchtiger Sauce* —

1 Den Backofen auf 180° vorheizen. Die Kartoffeln gründlich waschen, anschließend fächerartig einschneiden, jedoch nicht durchschneiden.

2 Die Kartoffeln in eine Auflaufform setzen, die Butter in kleinen Stücken darüber verteilen. Die Kartoffeln mit Salz und Pfeffer würzen. Die Kartoffeln in den heißen Ofen (Mitte) geben und ca. 25 Min. garen.

3 Inzwischen den Rosmarin abbrausen und trocken schütteln, die Nadeln abstreifen und fein hacken. Kapern, Oliven und Pinienkerne fein hacken. Die Kartoffeln nach 25 Min. aus dem Ofen nehmen, gehackten Rosmarin, Kapern, Oliven und Pinienkerne darüberstreuen, dann erneut in den Backofen geben und die Kartoffeln in weiteren 25 Min. fertig garen.

4 In der Zwischenzeit für die Sauce den Weißwein und den weißen Portwein in einen Topf geben, aufkochen und um ein Drittel einkochen. Dann Orangen-, Grapefruit- und Zitronensaft dazugeben, aufkochen und die Flüssigkeit nochmals um ein Drittel einkochen.

5 Den Mangold putzen, waschen und in Streifen oder Stücke schneiden. In einer Pfanne die Butter erhitzen. Den Mangold darin anbraten. Den Zucker darüberstreuen und goldgelb karamellisieren. Mangold mit Sahnemeerrettich, Salz und Pfeffer abschmecken.

6 Für den Fisch eine Pfanne auf die kalte Herdplatte stellen, Öl und etwas Salz dazugeben. Die Fischfilets abbrausen, trocken tupfen und in Mehl wenden, überschüssiges Mehl abklopfen. Die Filets mit der Hautseite nach unten in die Pfanne geben. Die Pfanne erhitzen und das Fischfilet auf der Hautseite zu zwei Dritteln garen, dann wenden und die Hitze ausschalten. Die Filets noch kurz auf der Fleischseite gar ziehen lassen.

7 Die eingekochte Wein-Saft-Mischung vom Herd nehmen und die eiskalte Butter nach und nach mit dem Pürierstab untermixen. Die Sauce mit Salz und Pfeffer abschmecken. Die Fischstücke mit den Fächerkartoffeln, dem gebratenen Mangold und der Sauce anrichten.

Für die Kartoffeln
8 Kartoffeln (à ca. 100 g)
6 EL Butter
Salz | Pfeffer
2 Zweige Rosmarin
1 EL Kapern (Glas)
2 EL schwarze Oliven (entsteint)
2 EL Pinienkerne

Für die Sauce
100 ml Weißwein
100 ml weißer Portwein
50 ml Orangensaft
50 ml Grapefruitsaft
50 ml Zitronensaft
100 g eiskalte Butter
Salz | Pfeffer

Für den Mangold
500 g Mangold
1 EL Butter
½ TL Zucker
2 EL Sahnemeerrettich (aus dem Glas)
Salz | Pfeffer

Für den Fisch
2 EL Öl zum Braten
Salz
4 Lachsforellenfilets mit Haut (à ca. 170 g)
Mehl zum Mehlieren

GEBEIZTE FORELLE MIT LAUCH UND LINSEN-VINAIGRETTE

Für 4 Portionen
Zubereitungszeit: 1 Std.
Marinierzeit (Forelle): 5 Std.
Einweichzeit (Linsen): 1 Std.
Pro Portion: 545 kcal,
38 g E, 38 g F, 14 g KH

— Mit Süßholz-Aroma —

Für die gebeizte Lachsforelle
2 Zimtstangen
25 g geraspeltes Süßholz
2 TL Korianderkörner
2 Lorbeerblätter
1 TL schwarzer Pfeffer
40 g brauner Rohrzucker
60 g Meersalz
600 g sehr frisches Lachsforellenfilet (ohne Haut und Gräten)

Für die Linsen-Vinaigrette
100 g Alblinsen
1 Schalotte
1 EL Olivenöl
10 eingelegte Kapern (aus dem Glas)
1 eingelegte Sardelle
1 Zweig Thymian
200 ml Geflügelfond (aus dem Glas)
80 g Butter
Salz
Pfeffer
1 EL Aceto balsamico

Für den Lauch
Salz
2 Stangen junger Lauch
2 EL Olivenöl
Pfeffer

1 Für die Beize die Zimtstangen klein brechen, dann mit Süßholz, Korianderkörnern, Lorbeerblättern, Pfeffer, Rohrzucker und Meersalz schroten.

2 Die Forellenfilets abbrausen und gut trocken tupfen. Von beiden Seiten mit der Süßholzmischung einreiben, fest in Frischhaltefolie wickeln und im Kühlschrank ca. 5 Stunden ziehen lassen.

3 Für die Linsen-Vinaigrette die Alblinsen in reichlich Wasser ca. 1 Stunde einweichen. Dann die Schalotte schälen, würfeln und in einem Topf im Olivenöl anschwitzen. Kapern und Sardellen abtropfen lassen und klein schneiden. Beides mit andünsten. Die eingeweichten Linsen in ein Sieb abgießen und mit in den Topf geben. Den Thymian abbrausen und ebenfalls dazugeben. Den Geflügelfond angießen, erhitzen und die Linsen bei kleiner Hitze in ca. 25 Min. gar köcheln.

4 Inzwischen für den Lauch reichlich Salzwasser in einem hohen Topf aufkochen. Die Lauchstangen putzen, waschen, und im Ganzen im sprudelnd kochenden Salzwasser 2–3 Min. blanchieren. Dann die Lauchstangen herausnehmen und eiskalt abschrecken. Die Stangen abtropfen lassen und in 1 cm große Ringe schneiden.

5 Das Olivenöl für den Lauch in einer Grillpfanne erhitzen, die Lauchstücke darin von beiden Seiten kräftig anbraten, salzen und pfeffern.

6 Für die Linsen-Vinaigrette die Butter in einem Topf zerlassen und leicht bräunen. Die gebräunte Butter zum Ende der Garzeit zu den Linsen geben. Den Thymianzweig aus den Linsen entfernen. Die Linsen mit Salz, Pfeffer und Balsamico abschmecken.

7 Das gebeizte Lachsforellenfilet aus der Folie wickeln, mit dem Messerrücken die Beizzutaten abstreifen. Das Filet in dünne Scheiben schneiden. Die Linsen-Vinaigrette auf Teller verteilen. Die Lachsforellenscheiben anlegen und mit den Lauchröllchen garniert servieren.

Zander

Mein Vater war ein leidenschaftlicher Angler. Ich stand am Wochenende gerne um 4 Uhr in der Früh auf, um mit ihm in der Morgendämmerung den besten Fisch zu angeln. Die Freude war riesig, wenn unter dem Fang auch ein Zander war. Mageres, festes, weißes Fleisch und eine überschaubare Anzahl an Gräten zeichnen ihn aus.

Meine Mutter hatte die Aufgabe, die Fische zuzubereiten. Für uns Kinder und meinen Vater war es immer lustig, dabei zuzusehen. Denn meine Mutter ekelte sich ein bisschen vor den fangfrischen, schleimigen Fischen. Eines Tages sprang ein Fisch aus dem Waschbecken und sie schrie wie verrückt. Wir dachten, das sei jetzt das letzte Mal gewesen, dass wir Fische mit nach Hause bringen durften. Doch weit gefehlt! Heute hat auch meine Mutter einen Angelschein und bereitet die Fische weiterhin gerne zu.

Ich kombiniere Zander am liebsten mit regionalen Produkten. Ich finde ganz besonders gut passen dazu Holunder, Rote-Bete-Salat, Sellerie und Spargel.

Schon gewusst?

- Der Zander gehört zu den **barschartigen Süßwasserfischen** und ist in Europa einer der größten in dieser Familie. Ein ausgewachsenes Exemplar kann über 10 kg auf die Waage bringen.
- **Der Raubfisch** geht bevorzugt morgens und abends auf die Jagd, den Rest des Tages verbringt er am Boden seines Gewässers. Da er ausgezeichnet sieht, kann er auch in trüben Gewässern seiner Beute nachstellen. Schon wenn sie knapp 5 cm groß sind, beginnen junge Zander zu räubern.
- In Deutschland ist der Zander in größeren Flüssen und Seen zu finden, er liebt **langsam fließende Gewässer**. Berühmt ist der **Donau-Zander**.
- Das **weiße, zarte und saftige Fleisch** des Zanders hat wenig Gräten und schmeckt kurz gebraten mit knuspriger Haut besonders gut. Dazu das Zanderfilet in Portionsstücke schneiden, die Haut einritzen und leicht mit Mehl bestäuben. Die Fischstücke auf der Hautseite in die Pfanne geben und kurz mit einem Pfannenwender auf den Pfannenboden drücken, damit sie sich nicht biegen und gleichmäßig garen.

ZANDERFILET MIT ZITRONENSCHAUM UND RISOTTO

Für 4 Portionen
Zubereitungszeit: 45 Min.
Pro Portion: 880 kcal,
44 g E, 53 g F, 37 g KH

Für den Risotto
1 Schalotte
1 Knoblauchzehe
50 g Parmesan
500 ml Geflügelfond (aus dem Glas)
1 Zweig Thymian
1 EL Olivenöl
150 g Risotto-Reis
100 ml trockener Weißwein (ersatzweise Geflügelfond)
½ Bund Bärlauch
4 Stängel glatte Petersilie
½ Beet Kresse
50 g Butter in Flocken
Salz
Pfeffer

Für Zitronenschaum und Fisch
500 ml Fischfond (z. B. aus dem Glas)
250 ml halbtrockener Weißwein
125 ml trockener Wermut
1 Bio-Zitrone
2 Zweige Thymian
4 Zanderfilets mit Haut (à ca. 150 g)
2 EL Öl
1 EL Butter + 50 g eiskalte Butter in Flocken
Salz
Pfeffer
Cayennepfeffer

1 Für den Risotto Schalotte und Knoblauch schälen und klein würfeln. Den Parmesan reiben. Den Geflügelfond in einem Topf erhitzen. Den Thymian abbrausen und trocken schütteln.

2 Schalottenwürfel, Knoblauch und Thymianzweig im Olivenöl in einem Topf anschwitzen. Den Risotto-Reis dazugeben und mit anschwitzen. Den Weißwein angießen und einkochen. Dann nach und nach jeweils so viel vom heißen Geflügelfond angießen, dass der Reis immer gerade knapp mit Flüssigkeit bedeckt ist. Risotto unter häufigem Rühren in ca. 20 Min. cremig garen. Inzwischen Bärlauch und Petersilie abbrausen, trocken schütteln und die Blätter fein schneiden. Die Kresse vom Beet schneiden.

3 Für den Zitronenschaum den Fischfond mit Wein und Wermut aufkochen und um die Hälfte einkochen. Inzwischen die Zitrone heiß waschen, abtrocknen und etwas Schale fein abreiben. Etwas Saft zum Aromatisieren des Risottos auspressen. Thymian abbrausen und trocken schütteln.

4 Die Zanderfilets abbrausen und trocken tupfen. Filets auf der Hautseite im Abstand von 5 mm leicht einschneiden und auf beiden Seiten salzen. Das Öl in einer beschichteten Pfanne erhitzen. Die Fischfilets auf der Hautseite einlegen und kurz andrücken, damit das Filet flach im heißen Öl brät. Filets 3–4 Min. bei mittlerer Hitze braten, dann wenden. Die Hitze reduzieren und die Thymianzweige, 1 EL Butter und 1 Spritzer Zitronensaft dazugeben. Die Filets gar ziehen lassen.

5 Nach ca. 20 Min. den Thymian aus dem Risotto entfernen. Alle vorbereiteten frischen Kräuter hinzufügen. Die 50 g Butter in kleinen Flocken unter den Risotto rühren und den Parmesan unterziehen. Risotto mit Salz, Pfeffer und 1–2 EL Zitronensaft abschmecken.

6 In den eingekochten Fischfond den Zitronenabrieb rühren und den Fond mit Salz, Pfeffer und Cayennepfeffer würzen. 50 g eiskalte Butter in kleinen Stücken hinzufügen und die Sauce mit dem Pürierstab kurz aufschäumen, dann nochmals abschmecken. Den Zander auf Tellern anrichten, Zitronenschaum darüberträufeln und Risotto dazu reichen.

Scholle

Die Scholle ist ein wunderbarer Fisch und sehr gut geeignet, sie im Ganzen zu braten. Sie lässt sich auch für den ungeübtesten Fischesser leicht filetieren. Gepaart mit Speckstippe, Bratkartoffeln und einem Gurkensalat mit frischem Dill ein absoluter Hochgenuss!

Schon gewusst?

- Der Lieblingsfisch im Norden wird auch **Goldbutt** genannt und taucht am häufigsten in **Nord- und Ostsee** auf.
- Erst wenn sie etwas größer sind, werden Jungtiere zum **Plattfisch**. Dann wandert das linke Auge auf die rechte, obere Körperseite. Schollen können übrigens gleichzeitig mit einem Auge nach hinten und mit dem anderen nach vorne schauen.
- Das **feste Fleisch** des Fischs **schmeckt kräftig und enthält wenig Fett, reichlich Eiweiß, dazu Vitamin B12** in nennenswerter Menge sowie Mineralstoffe Kalium, Natrium und Magnesium und die Spurenelemente Jod, Selen und Zink.
- Eine besondere Spezialität ist **Maischolle**, eine junge Scholle, die im Mai gefangen wird. Zu dem Zeitpunkt liegt aber die Laichzeit, die von Januar bis April dauert, noch nicht lange hinter den Fischen, oft sind sie noch entkräftet. Fischkenner bevorzugen Scholle deshalb im Juni und Juli.
- Ob eine Scholle **fangfrisch** ist, lässt sich am besten an den Augen ablesen. Sie müssen klar sein.

SCHOLLENFILET MIT SPECKERBSEN UND GREMOLATA

Für 4 Portionen
Zubereitungszeit: 45 Min.
Pro Portion: 700 kcal,
43 g E, 49 g F, 22 g KH

— *Mit Kräuter-Kick* —

1 Für die Gremolata Petersilie und Minze abbrausen und trocken schütteln. Die Blätter abzupfen und fein schneiden. Den Knoblauch schälen und in feine Würfel schneiden. Die Zitrone heiß waschen, abtrocknen und die Schale fein abreiben, den Saft auspressen.

2 Den Knoblauch mit Honig, Zitronenabrieb und Olivenöl im Mörser zerreiben. Die Knoblauchmischung in einer Schüssel mit den Kräutern mischen, mit 1 Spritzer Zitronensaft sowie Salz und Pfeffer würzen und abschmecken. Die Gremolata beiseitestellen.

3 Die frischen Erbsen aus den Schoten lösen. Inzwischen in einem Topf reichlich Wasser mit Salz aufkochen. Die Erbsen im sprudelnd kochenden Salzwasser ca. 2 Min. blanchieren, dann in ein Sieb abgießen und eiskalt abschrecken, anschließend gut abtropfen lassen.

4 Für die Erbsen die Schalotten schälen und in feine Würfel schneiden. Den Speck ohne Knorpel und Schwarte ebenfalls in Würfel schneiden. Das Olivenöl in einer Pfanne erhitzen. Speck- und Schalottenwürfel darin bei mittlerer Hitze anbraten. Die Erbsen hinzufügen und schwenken.

5 Für den Fisch die Schollenfilets abbrausen und mit Küchenpapier trocken tupfen, mit den Fingerspitzen auf Gräten prüfen. Vorhandene Gräten mit einer Pinzette herausziehen. Die Filets mit Salz würzen, mit 1 EL Olivenöl beträufeln und 2–3 Min. ziehen lassen.

6 In einer Pfanne die restlichen 2 EL Olivenöl erhitzen und die Schollenfilets darin bei mittlerer Hitze auf jeder Seite 2–3 Min. braten.

7 Zum Servieren die Speckerbsen auf Tellern anrichten, die Schollenfilets anlegen und jeweils etwas Gremolata darüberträufeln.

Für die Gremolata
½ Bund glatte Petersilie
½ Bund Minze
1 Knoblauchzehe
1 Bio-Zitrone
1 EL Honig
4 EL Olivenöl
Salz
Pfeffer

Für die Erbsen
750 g frische Erbsen in der Schote (ersatzweise 500 g TK-Erbsen)
Salz
4 Schalotten
75 g geräucherter Speck
1 EL Olivenöl

Für den Fisch
750 g Schollenfilets ohne Haut
Salz
3 EL Olivenöl

OBST

Von vanillewürziger Erdbeer-Rhabarber-Grütze über Kaiserschmarren-Soufflé mit Birnen-Brombeer-Kompott bis zu Kokospudding mit karamellisierten Zwetschgen: Die ARD-Buffet-Köchinnen und Köche verwandeln heimisches Obst à la Saison in raffinierte Desserts, köstliche Kuchen und süße Träume – kreativ und mit Leichtigkeit!

Beeren

Im Frühsommer erfreuen uns die Erdbeeren, die von den darauf folgenden Himbeeren abgelöst werden. Dann kommen die Brombeeren und im Spätsommer die Heidelbeeren.

Die Beeren vielleicht ein wenig zuckern – so liebe ich sie. Marinaden brauchen sie nicht. Eine Ausnahme mache ich bei den Erdbeeren: Orangensaft und -abrieb dazugeben, das lasse ich durchgehen. Ansonsten sind Geschmack und Duft so fein, dass man mit Beeren zwar alles machen kann, aber frisch und unverfälscht habe ich die größte Freude daran.

Schon gewusst?

- Beeren sind reich an **gesunden Ballaststoffen, Vitaminen und Mineralstoffen** wie Kalium und Kalzium. Erdbeeren enthalten beispielsweise mehr Vitamin C als Zitronen oder Orangen.
- Auch wenn **Erdbeeren** mittlerweile selbst im Januar keine Seltenheit im Supermarkt sind – am allerbesten schmecken sie nach wie vor von Mai bis August, wenn die kleinen »Königinnen des Gartens« bei uns Hochsaison haben. Dann sind sie auch weniger schadstoffbelastet.
- Der **blaue Pflanzenfarbstoff** macht Heidelbeeren und Brombeeren zum Superfood. Er tut unserer Gesundheit gut, fördert beispielsweise die Durchblutung, stärkt unser Immunsystem und verlangsamt die Zellalterung.
- **Heidelbeeren** heißen auch Blaubeeren, Schwarzbeeren oder Waldbeeren. In der Obstabteilung werden vor allem Kultur-Heidelbeeren angeboten. Sie sind größer als ihre wild wachsenden Verwandten und auch etwas heller. Denn sie enthalten weniger vom Zauber-Farbstoff.
- **Brombeeren** zählen wie auch die Erdbeeren zur Familie der Rosengewächse und sind für strenge Botaniker keine Beeren, sondern Sammelsteinfrüchte.
- Alle Beeren sind zart besaitet. Deshalb die **Sensibelchen** sorgsam behandeln und nie unter einem harten Wasserstrahl abduschen.

ZWEIERLEI VON DER ERDBEERE

— Dessertliebling im Frühsommer —

Für 4 Portionen
Zubereitungszeit: 40 Min.
Gefrierzeit (Sorbet):
½ Std. (Eismaschine) oder
mind. 4 Std. (Tiefkühlfach)
Pro Portion: 220 kcal, 3 g E,
5 g F, 39 g KH

Für das Erdbeersorbet
100 g Zucker
100 ml Wasser
500 g Erdbeeren
½ Zitrone

Für die marinierten Erdbeeren
250 g Erdbeeren
1 EL Puderzucker
1 EL Zitronensaft
1 Spritzer Mandellikör (nach Belieben)
1 Stängel frische Minze
2 EL Pistazien

1 Für das Sorbet Zucker und Wasser in einen Topf geben und so lange kochen, bis sich der Zucker ganz gelöst hat und ein Sirup entstanden ist. Den Zuckersirup erkalten lassen.

2 Die Erdbeeren verlesen, abbrausen und abtropfen lassen. Erdbeeren entkelchen und in grobe Stücke schneiden. Die Zitronenhälfte auspressen.

3 Erdbeeren mit Zitronensaft und dem kalten Sirup in einen Mixer geben und fein pürieren. Die Masse in eine Eismaschine geben und gefrieren lassen. Wer keine Eismaschine hat, kann die Erdbeermasse auch in ein Gefriergefäß geben und 4–6 Stunden tiefkühlen, dabei immer mal wieder umrühren. So entsteht ein italienisches Granité.

4 Für die marinierten Erdbeeren die Erdbeeren ebenfalls verlesen, abbrausen und abtropfen lassen. Erdbeeren entkelchen.

5 Die Erdbeeren in Stücke schneiden und mit Puderzucker bestreuen. Den Zitronensaft darüberträufeln. Nach Belieben noch den Mandellikör dazugeben. Alles vorsichtig vermischen.

6 Die Minze abbrausen und trocken schütteln. Die Blätter abzupfen und in feine Streifen schneiden. Die Minze unter die Erdbeeren mischen. Die Pistazien grob hacken und darüberstreuen.

7 Die marinierten Erdbeeren auf vier Tellern anrichten. Das Sorbet dazu in einem Glas servieren oder mit zwei Esslöffeln zu Nocken formen und diese auf die Erdbeeren setzen. Das im Tiefkühlfach gefrorene Granité zum Servieren mit einem Löffel abschaben und mit den Erdbeeren servieren.

ERDBEER-RHABARBER-GRÜTZE MIT VANILLE

Für 4 Portionen
Zubereitungszeit: 30 Min.
Pro Portion: 135 kcal, 1 g E, 0 g F, 31 g KH

— *Einfach lecker* —

350 g Rhabarber
150 g Erdbeeren
1 Vanilleschote
100 g Zucker
1 EL Speisestärke
2 EL Orangensaft

1 Den Rhabarber waschen, putzen und schälen und in 3 cm große Stücke schneiden. Die Erdbeeren verlesen, abbrausen und abtropfen lassen. Die Erdbeeren entkelchen und in kleine Stücke schneiden. Die Vanilleschote der Länge nach halbieren und das Mark auskratzen.

2 Den Zucker in einen Topf geben und goldbraun karamellisieren. Dann 150 ml Wasser dazugeben, aufkochen und alles kurz köcheln lassen.

3 Rhabarber und Vanillemark dazugeben und alles weitere 6 Min. köcheln lassen, bis der Rhabarber weich ist.

4 In der Zwischenzeit die Speisestärke mit dem Orangensaft verrühren. Die angerührte Stärke zum Rhabarber in den Topf geben. Alles unter Rühren aufkochen und so die Grütze leicht binden.

5 Zum Schluss die vorbereiteten Erdbeeren untermischen. Dann alles abkühlen lassen. Dazu die Erdbeer-Rhabarber-Grütze am besten in vier kleine Portionsschälchen füllen.

6 Die abgekühlte Erdbeer-Rhabarber-Grütze servieren, nach Belieben mit Vanillesauce oder halbsteif geschlagener Sahne.

KÄSEKUCHEN-TARTE MIT HIMBEEREN

Für 1 Springform (26 cm ∅)
Zubereitungszeit: 1 Std.
Backzeit: 40 Min.
Pro Stück (bei 12): 320 kcal, 7 g E, 20 g F, 27 g KH

— *Süßer Klassiker* —

Für die Streusel
100 g Butter
100 g Dinkelmehl (Type 630)
100 g gehäutete, fein gemahlene Mandeln
70 g heller Rohrzucker
Salz

Für die Quarkmasse
1 Bio-Zitrone
18 g Vanille-Puddingpulver
125 g heller Rohrzucker
250 g Magerquark
100 g saure Sahne
125 g weiche Butter
2 Eier (Größe M)
Salz

Für die Himbeeren
500 g Himbeeren
Puderzucker zum Bestäuben (nach Belieben)

Außerdem
1 Springform (26 cm ∅)

1 Für die Streusel in einem Topf die Butter schmelzen und abkühlen lassen. Die flüssige Butter mit Mehl, gemahlenen Mandeln, Rohrzucker und 1 Prise Salz zu feinen Streuseln mischen.

2 Die Springform mit Backpapier auslegen, die Streusel hineinfüllen und glatt drücken. Den Backofen auf 170° (Umluft) vorheizen.

3 Für die Quarkmasse die Zitrone heiß waschen, abtrocknen und die Schale fein abreiben, den Saft auspressen.

4 Das Puddingpulver in eine Schüssel geben und mit dem Zucker mischen. Zitronenabrieb und Zitronensaft, Magerquark, saure Sahne, weiche Butter, Eier sowie 1 Prise Salz dazugeben und alles glatt verrühren.

5 Die Quarkmasse in die Springform auf den Streuselboden geben und die Käsekuchen-Tarte im heißen Ofen (Mitte) ca. 40 Min. backen.

6 Die gebackene Käsekuchen-Tarte aus dem Ofen nehmen und in der Form auskühlen lassen. Die Himbeeren verlesen, ggf. vorsichtig abbrausen und abtropfen lassen oder trocken tupfen.

7 Zum Servieren die Himbeeren auf der abgekühlten Käsekuchen-Tarte verteilen und nach Belieben mit etwas Puderzucker bestäuben.

HIMBEER-JOGHURT-TRIFLE IM GLAS

— Jede Schicht ein Gedicht —

Für 6 Portionen
Zubereitungszeit: 45 Min.
Backzeit: 15 Min.
Pro Portion: 445 kcal,
10 g E, 26 g F, 41 g KH

100 g Butter
100 g Dinkelmehl (Type 630)
100 g gehäutete, fein gemahlene Mandeln
70 g heller Rohrzucker
Salz
½ Bio-Zitrone
500 g Himbeeren
450 g Joghurt (3,5 % Fett)
50 g Puderzucker
flüssiger Honig (nach Belieben)

Außerdem
6 kleine Bügel- oder Einmachgläser

1 Den Backofen auf 170° (Umluft) vorheizen. Für die Streusel in einem Topf die Butter schmelzen und abkühlen lassen. Die flüssige Butter mit Mehl, Mandeln, Zucker und 1 Prise Salz zu feinen Streuseln mischen.

2 Ein Backblech mit Backpapier belegen. Die Dinkelmehl-Streusel darauf verteilen und im heißen Ofen (Mitte) in ca. 15 Min. knusprig backen. Anschließend die Streusel auskühlen lassen.

3 Die Zitronenhälfte heiß waschen und abtrocknen. Die Schale fein abreiben und den Saft auspressen. Die Himbeeren verlesen, ggf. vorsichtig abbrausen und abtropfen lassen oder trocken tupfen.

4 Den Joghurt mit dem Puderzucker, Zitronenabrieb und Zitronensaft sowie 1 Handvoll Himbeeren verrühren.

5 Dann Himbeerjoghurt, frische Himbeeren und Streusel sowie nach Belieben etwas Honig abwechselnd in die Gläser schichten. Abschließen sollte man mit einer Schicht Streusel, denn die bleibt dann besonders knusprig. Die Desserts sofort oder später servieren. Sie bleiben abgedeckt im Kühlschrank 1–2 Tage frisch und können gut vorbereitet werden.

HEIDELBEERTÖRTCHEN MIT RAHM-CRUNCH

— Kleine Verführer —

Für 6 Törtchen
Zubereitungszeit: 35 Min.
Kühlzeit: 1 Std.
Backzeit: 30 Min.
Pro Stück: 485 kcal, 7 g E, 24 g F, 61 g KH

Für den Mürbeteig
80 g Butter
80 g Zucker
Salz
1 Ei
150 g Mehl
1 Msp. Backpulver

Für den Belag
600 g Heidelbeeren
60 g Zucker
60 g Semmelbrösel
1 Prise Zimtpulver

Für den Rahm-Crunch
1 Bio-Orange
1 Eiweiß
2 EL Zucker
50 g Macadamianusskerne
2 Blätter Sauerampfer (ersatzweise Minze oder Zitronenmelisse)
100 g Crème fraîche

Außerdem
6 Tarteletteförmchen (ca. 8 cm ∅)
Butter für die Förmchen

1 Für den Mürbeteig Butter, Zucker und 1 Prise Salz vermischen, das Ei hinzufügen und einarbeiten. Das Mehl mit dem Backpulver mischen, sieben und rasch unter die Buttermasse kneten. Den Teig zu einer Kugel formen und ca. 1 Std. kühl stellen.

2 Für den Belag die Heidelbeeren verlesen, ggf. vorsichtig abbrausen und abtropfen lassen oder trocken tupfen. Die Tarteletteförmchen dünn mit Butter ausfetten. Den Backofen auf 190° vorheizen.

3 Den Mürbeteig auf einer bemehlten Arbeitsfläche dünn ausrollen. Kreise von 10 cm Durchmesser aus dem Teig ausstechen. Die vorbereiteten Förmchen damit auslegen und dabei einen kleinen Rand formen. Den Mürbeteig mit einer Gabel mehrfach einstechen.

4 Zucker, Semmelbrösel und Zimt vermischen und jeweils ca. 1 EL Zucker-Brösel-Mischung auf die Teigböden streuen. Die Heidelbeeren mit einer Gabel leicht andrücken und in die vorbereiteten Förmchen geben. Die restliche Zucker-Brösel-Mischung darüberstreuen.

5 Die Törtchen im heißen Ofen (Mitte) ca. 30 Min. backen, dann aus dem Ofen nehmen, auskühlen lassen und vorsichtig aus den Förmchen lösen.

6 Für den Rahm-Crunch den Backofen nochmals auf 190° vorheizen. Die Orange heiß waschen und abtrocknen, etwas Schale fein abreiben.

7 Ein Backblech mit Backpapier belegen. Das Eiweiß für den Rahm-Crunch mit Zucker und 1 Msp. Orangenabrieb vermischen. Die Macadamianusskerne im Eiweiß wälzen und auf das Backblech geben. Die Nüsse im heißen Ofen (Mitte) in ca. 8 Min. goldbraun rösten.

8 Den Sauerampfer abbrausen, trocken schütteln und fein schneiden. Crème fraîche mit dem Sauerampfer und etwas Orangenschale vermischen.

9 Die gerösteten Nüsse leicht abkühlen lassen, grob hacken und unter die Crème fraîche heben. Auf jedes Heidelbeertörtchen etwas Rahm-Crunch geben und die Törtchen servieren.

GESTÜRZTER BEEREN-VANILLE-KUCHEN MIT BAISERHAUBE

Für 1 Springform (26 cm ∅)
Zubereitungszeit: 45 Min.
Backzeit: 45 Min.
Pro Stück (bei 12): 525 kcal, 11 g E, 34 g F, 44 g KH

— *Spätsommertraum* —

Für den Kuchen
600 g Heidelbeeren (ersatzweise gemischte Beeren oder TK-Beeren)
1 Vanilleschote
1 Bio-Zitrone
6 Eier (Größe M)
300 g weiche Butter
270 g Rohrzucker
Salz
225 g gehäutete, fein gemahlene Mandeln
180 g Dinkelmehl (Type 630)
1 ½ TL Backpulver

Für das Baiser
3 Eiweiß
75 g Zucker
Salz
2 EL Zitronensaft

Außerdem
1 auslaufsichere Springform (26 cm ∅)
Crème-brûlée-Bunsenbrenner

1 Für den Kuchen die Heidelbeeren verlesen, ggf. vorsichtig abbrausen und abtropfen lassen oder trocken tupfen. Die Springform mit Backpapier auslegen. Die Beeren einfüllen und die Springform beiseitestellen.

2 Den Backofen auf 160° (Umluft) vorheizen. Für den Kuchenteig die Vanilleschote der Länge nach halbieren und das Mark auskratzen. Die Zitrone heiß waschen und abtrocknen. Etwas Schale fein abreiben und 4 EL Saft auspressen. Die Eier trennen.

3 Die weiche Butter mit Eigelben, Rohrzucker, ausgekratztem Vanillemark, Zitronenabrieb und -saft sowie 1 Prise Salz schaumig schlagen, anschließend die Eiweiße unter die Schaummasse rühren.

4 Die gemahlenen Mandeln mit dem Dinkelmehl und dem Backpulver mischen und rasch unter die Buttermasse heben.

5 Den Teig auf die Heidelbeeren in der Kuchenform geben und im heißen Ofen (Mitte) 40–45 Min. backen. Den gebackenen Kuchen aus dem Ofen nehmen und in der Form leicht abkühlen lassen.

6 Dann den Beeren-Vanille-Kuchen aus der Springform lösen, auf eine Tortenplatte stürzen und vorsichtig das Backpapier ablösen.

7 Für das Baiser die Eiweiße mit Zucker, 1 Prise Salz und Zitronensaft langsam steif schlagen. Den Eischnee »wild« auf dem lauwarmen Kuchen verteilen, dann mit einem Crème-brûlée-Bunsenbrenner sanft goldbraun abflämmen. Den Kuchen sofort servieren.

KAISERSCHMARREN-SOUFFLÉ MIT BIRNEN-BROMBEER-KOMPOTT

Für 4 Portionen
Zubereitungszeit: 1 Std.
Ruhezeit: 30 Min.
Pro Portion: 875 kcal,
14 g E, 28 g F, 140 g KH

— *Fein und fruchtig* —

1 Für die Soufflés die Rosinen mit 2–3 EL heißem Wasser begießen und einweichen. Die Vanilleschote längs aufschneiden, das Mark auskratzen. Zitronenhälfte heiß waschen, abtrocknen und die Schale fein abreiben.

2 Die Eier trennen. Die Eiweiße beiseitestellen, die Eigelbe mit 25 g Zucker, Vanillemark und 1 Prise Salz schaumig schlagen. Dann das Mehl unterrühren. Milch, Zitronenabrieb und nach Belieben den Schnaps unterrühren. Den Teig ca. 30 Min. abgedeckt im Kühlschrank ruhen lassen.

3 Dann die Eiweiße mit 25 g Zucker zu lockerem Eischnee aufschlagen. Den Eischnee vorsichtig unter den Teig heben. Die Soufflëförmchen mit Butter einfetten. Den Backofen auf 160° vorheizen.

4 Die restlichen 150 g Zucker in einen Topf geben und goldgelb karamellisieren, dann die Butter unterrühren. Eine dünne Schicht Butterkaramell auf den Boden jedes Soufflëförmchens geben. Darauf jeweils so viel Teig geben, dass das Förmchen bis 1 cm unter den Rand gefüllt ist. Die eingeweichten Rosinen darauf verteilen und einige Mandelblättchen darüberstreuen. Die Soufflés im heißen Ofen (Mitte) ca. 20 Min. backen.

5 Inzwischen für das Kompott die Brombeeren verlesen, ggf. vorsichtig abbrausen und abtropfen lassen. Die Vanilleschote längs aufschneiden, das Mark auskratzen. Die Birne waschen, vierteln und schälen, das Kerngehäuse entfernen. Die Birnenviertel in kleine Stücke schneiden und mit Zitronensaft beträufeln, das Vanillemark untermischen.

6 Die Brombeeren mit dem Zucker und der Zimtstange in einem großen Topf mischen. Die Birnenstücke dazugeben. Alles unter Rühren langsam zum Kochen bringen und ca. 3 Min. kochen lassen. Dann die Zimtstange entfernen und das Kompott mit dem Pürierstab grob pürieren, es sollen noch Birnenstücke und Brombeeren zu sehen sein. Das Kompott mit etwas Balsamico und nach Belieben mit Cassislikör abschmecken.

7 Die Kaiserschmarren-Soufflés aus dem Ofen nehmen, mit Puderzucker bestäuben und warm mit dem Brombeer-Birnen-Kompott servieren.

Für die Soufflés
3 EL Rosinen
½ Vanilleschote
½ Bio-Zitrone
4 Eier
200 g Zucker
Salz
120 g Mehl
150 ml Milch
10 ml Birnenschnaps (nach Belieben)
80 g Butter
30 g Mandelblättchen
Puderzucker zum Bestäuben

Für das Kompott
500 g Brombeeren
½ Vanilleschote
1 Birne
1 Spritzer Zitronensaft
150 g Zucker
1 Zimtstange
2 EL Aceto balsamico bianco
1 EL Cassislikör (nach Belieben)

Außerdem
4 Soufflëförmchen (mit jeweils ca. 200 ml Inhalt)
Butter zum Einfetten

Kirschen

Ich habe eine ganz wunderbare Kindheitserinnerung, wie ich mit meinen Schwestern in unserem Garten die leckersten Kirschen von dem ältesten Kirschbaum der Welt – zumindest dachte ich das als Kind – naschte. Die Kerne entsorgten wir beim Kirschkernweitspucken, begleitet von heiterem Kinderlachen und einer wohligen Unbeschwertheit.

Ich esse Kirschen heute immer noch am liebsten direkt vom Baum. Doch auch mit feinem Marzipan gefüllt und mit Schokolade überzogen sind sie für mich ein Hochgenuss!

Schon gewusst?

- Rund **1 kg Kirschen** naschen wir Deutschen im Jahr. Beste Zeit für die roten Früchte ist im **Juni und Juli**, wenn sie bei uns an den Obstbäumen reifen.
- Süße **Knorpelkirschen** haben ein festes Fruchtfleisch und schmecken »einfach so« am allerbesten – als gesunder, kalorienarmer Snack. **Herzkirschen** sind ebenfalls süß, aber weicher.
- **Sauerkirschen** sind anspruchslos. Sie wachsen auch in schattigen Gegenden. Die dunklen heißen Morellen, die hellroten Amarellen. Weichselkirschen sind durch und durch tiefrot gefärbt.
- Der intensiv-säuerliche Geschmack entfaltet sich beim Garen. Deshalb lassen sich mit Sauerkirschen besonders gut feinfruchtige **Konfitüren, Kuchen und Kompotts** zubereiten.
- Ob süß oder sauer: **Ist der Stiel schön grün, sind Kirschen topfrisch**. Leider verderben die Früchte, die zu den Rosengewächsen gehören, sehr schnell. Sie sollten nicht länger als 2 Tage und immer mit Stiel im Kühlschrank aufgehoben werden.

SOMMERTRAUM MIT KIRSCHEN

Für 4 Portionen
Zubereitungszeit: 30 Min.
Pro Portion: 320 kcal, 5 g E, 5 g F, 61 g KH

— Schnell gezaubert —

500 g frische Sauerkirschen
1 Prise Zucker
100 ml Kirschsaft
2 EL gereifter Aceto balsamico
150 g Baiser (fertig gekauft)
200 g Schokoladeneis

1 Die Kirschen waschen und in einem Sieb abtropfen lassen, Die Kirschen entstielen und mit einem Kirschenentkerner entsteinen. Anschließend die Kirschen halbieren.

2 Eine beschichtete Pfanne erhitzen. Die Kirschhälften hineingeben und mit 1 Prise Zucker bestreuen. Alles kurz durchschwenken.

3 Den Kirschsaft in die Pfanne gießen und offen bei mittlerer Hitze etwas einkochen. Kirschen dann mit dem Balsamico abschmecken.

4 Das Baiser grob zerbröseln und in vier Dessertschälchen verteilen. Das Eis in Kugeln darauf anrichten.

5 Die Balsamico-Kirschen darüberträufeln und den süß-aromatischen Sommertraum mit Kirschen sofort servieren.

MEIN TIPP: *Sie lieben Käse zum Dessert? Die Balsamico-Kirschen schmecken auch sehr gut zu würzigem Ziegen- oder Blauschimmelkäse.*

Zwetschgen

Es gibt eine Regel: »Je mehr die Farbe Blau das Grün verdrängt, umso besser ist die Zwetschge oder Pflaume.«

Man sollte sie immer im Obstladen oder auf dem Wochenmarkt kaufen und schön brav fragen, ob man eine probieren darf. Große Pflaumen sind mittlerweile fast zur Seltenheit geworden. Werde ich ihrer mal habhaft, dann schneide ich die Frucht an der Längsnaht auf, stippe sie halbiert und entsteint in etwas Zucker und bin im Glück.

Mit frischen Zwetschgen gilt es, einen Kuchen zu backen. Auch mit etwas Zucker zu Kompott gekocht, hat man damit auf alle Fälle eine Köstlichkeit. Mit den Pflaumen kann man es genauso machen: Die Früchte einkochen oder am besten regelrecht eindicken und in Gläser füllen.

Schon gewusst?

- Zwetschgen reifen als **letzte Früchte** der Pflaumenfamilie und schmecken deshalb am süßesten, weil sie im Idealfall länger Sonne tanken konnten.
- Eine berühmte Spezialität ist die rundliche **»Bühler Zwetschge«**, die ab Ende Juli in der badischen Region Bühl geerntet wird.
- Ob Kuchen oder Kompott: Zwetschgen eignen sich besonders **gut zum Backen und Kochen**. Und noch ein Plus: Sie lassen sich leicht entsteinen.
- Zwetschgen und Pflaumen am besten **erst kurz vorm Genuss waschen**. Der wachsartige Belag der Schale schützt die Früchte. Das blau-lila Steinobst fault schnell. Im Kühlschrank bleiben reif gepflückte Zwetschgen und Pflaumen höchstens 3 Tage frisch.

KOKOSPUDDING MIT KARAMELLISIERTEN ZWETSCHGEN

Für 4 Portionen
Zubereitungszeit: 30 Min.
Kühlzeit: mind. 1 Std.
Pro Portion: 325 kcal, 2 g E, 15 g F, 46 g KH

— *Kleiner, feiner Herbstgenuss* —

Für den Kokospudding
500 ml Kokosmilch (ungesüßt)
25 g Maisstärke
5 EL Zucker

Für die Zwetschgen
400 g Zwetschgen
2 EL Zucker
4 EL Kokosraspel

1 Für den Pudding 2 EL von der Kokosmilch abnehmen und mit der Maisstärke verrühren. Den Zucker in die restliche Kokosmilch geben.

2 Die gezuckerte Kokosmilch in einem Topf unter Rühren zum Kochen bringen. Dann die angerührte Stärke dazugeben und alles kurz aufkochen, dabei ständig rühren. Den fertigen Pudding in Schälchen füllen, abkühlen lassen und anschließend in den Kühlschrank stellen.

3 Für die karamellisierten Zwetschgen die Zwetschgen waschen und trocken tupfen. Die Zwetschgen halbieren und entsteinen.

4 Den Zucker in eine Pfanne streuen und goldgelb karamellisieren. Die Zwetschgenhälften dazugeben und bei kleiner Hitze 4–5 Min. dünsten. Anschließend die Zwetschgen abkühlen lassen.

5 Die Kokosraspeln in einer Pfanne ohne Fett rösten. Zum Servieren die karamellisierten Zwetschgen auf den gekühlten Pudding geben und mit den gerösteten Kokosraspeln bestreuen.

ZWETSCHGENKUCHEN MIT STREUSELN

— Herbstklassiker —

Für 1 rechteckige Backform
Zubereitungszeit:
1 Std. 45 Min.
Ruhezeit: 1 Std. 30 Min.
(oder über Nacht)
Backzeit: 45 Min.
Pro Stück (bei 18): 280 kcal,
5 g E, 12 g F, 36 g KH

Für den Teig
1 Pck. Trockenhefe
50 g Zucker
100 ml lauwarmes Wasser
1 Bio-Zitrone
450 g Mehl
Salz
125 ml Milch
2 Eier
125 g weiche Butter

Für den Belag
800 g Zwetschgen
1 EL Mehl
Zucker (nach Belieben)

Für die Streusel
100 g gut gekühltes Marzipan
75 g eiskalte Butter
75 g Mehl
2 EL Rohrzucker
½ TL Zimtpulver
Salz

Außerdem
Mehl zum Arbeiten
Butter für Schüssel und Form
rechteckige Backform (24 × 32 cm)

1 Für den Teig die Trockenhefe mit 1 Prise Zucker und dem lauwarmen Wasser verrühren und 10 Min. gehen lassen.

2 Die Zitrone heiß waschen, abtrocknen und die Schale fein abreiben. In einer großen Schüssel das Mehl mit dem restlichen Zucker, 1 TL Salz und dem Zitronenabrieb gleichmäßig vermischen.

3 Die Milch mit den Eiern verquirlen und zu der Mehlmischung geben. Das Hefewasser ebenfalls dazugeben und alles mit der Küchenmaschine oder dem Handrührgerät mit den Knethaken ca. 2 Min. verkneten. Dann nach und nach die Butter unterkneten. Der Teig hat eine weiche Konsistenz. Anschließend den Teig auf einer leicht bemehlten Arbeitsfläche noch von Hand 3–5 Min. weiterkneten.

4 Eine Schüssel mit wenig Butter ausstreichen, den Teig hineingeben, mit einem feuchten Geschirrtuch abdecken und 1 ½ Std. bei Raumtemperatur gehen lassen (oder über Nacht in den Kühlschrank stellen; dann jedoch vor dem Weiterverarbeiten 30 Min. bei Raumtemperatur stehen lassen).

5 Die Backform leicht mit Butter fetten. Den Teig in der gefetteten Backform verteilen und weitere 45 Min. gehen lassen. In der Zwischenzeit für den Belag die Zwetschgen waschen und abtropfen lassen. Die Zwetschgen halbieren und entsteinen. Die Zwetschgenhälften mit dem Mehl sowie etwas Zucker nach Bedarf vermengen.

6 Für die Streusel das gut gekühlte Marzipan klein schneiden und in eine Schüssel geben. Butter, Mehl, Zucker, Zimt und 1 Prise Salz dazugeben und alles mit den Fingerspitzen grob vermischen.

7 Den Backofen auf 180° (Umluft) vorheizen. Die Zwetschgen gleichmäßig auf dem Teig verteilen und mit den Streuseln locker bedecken. Den Kuchen im heißen Ofen (Mitte) ca. 45 Min. backen. Nach etwa 30 Min. die Farbe prüfen und den Kuchen evtl. mit Backpapier abdecken.

8 Den fertigen Zwetschgenkuchen aus dem Ofen nehmen und vor dem Servieren auf einem Kuchengitter leicht abkühlen lassen.

Äpfel und Birnen

Manchmal wird dahergeredet, besonders in den sozialen Medien, da werden Birnen und Äpfel verwechselt. Dieser Spruch verweist letztlich auf die großen Unterschiede der Früchte.

Über Äpfel braucht man sich nicht weiter auszulassen, sie sind geradezu ein deutsches Kulturgut. Interessant wird es, wenn man sich auf die Suche nach alten Apfelsorten macht. Die modernen Äpfel sind meist »knackoptimiert«, deshalb zum Rohessen die besten. Für Kuchen, Kompotte oder Apfelstrudel dagegen sind – grob gesehen – all die Äpfel geeignet, die etwas mehlig den Mund irritieren.

Die Königin aller zentraleuropäischen Früchte, das sind jedoch die Birnen. Sie erfordern etwas Sachverstand. Die Ernte ist kompliziert, denn die Birne darf nicht völlig am Baum ausreifen. Als ich letztes Jahr meine Ernte verschlief, waren alle Birnen innen braun.

Harte Birnen sind normal. Man gibt sie ins Wohnzimmer und lässt sie dort nachreifen. Geben sie auf Daumendruck leicht nach, sind sie perfekt - dann hinab mit der göttlichen Frucht!

Schon gewusst?

- Apfelparadiese gibt es in allen Regionen Deutschlands - vom **Alten Land** bis zum **Bodensee**. Auch Birnen werden in diesen Gegenden angebaut, allerdings nur auf einem sehr kleinen Teil der Flächen. Denn jeder Deutsche genießt im Durchschnitt **19 kg Äpfel** im Jahr, Birnen dagegen nur **3 kg**. Die Früchte aus heimischem Anbau haben im **Spätsommer und Herbst** Saison.
- Vor allem von Bio-Bauern werden mehr und mehr **alte Apfelsorten** wiederentdeckt, zum Beispiel Berlepsch, rote Gravensteiner oder weiße Klaräpfel, die säuerlich bis sehr sauer schmecken.
- Birnen und Äpfel am besten **mit Schale** genießen. Denn darunter stecken rund **70 Prozent** der Vitamine. Bio-Früchte bevorzugen!
- Ob Conference, Williams Christ oder Gute Luise: **Birnen** punkten mit geringem Säuregehalt, viel Kalium sowie Folsäure und B-Vitaminen.
- **Äpfel** bieten unserer Gesundheit Vitamine, Mineral- und Ballaststoffe, außerdem Pektine, die unserem Körper helfen, Schadstoffe loszuwerden.

DAMPFNUDELN MIT VANILLESAUCE UND GESCHMORTEN ÄPFELN

Für 4 Portionen
Zubereitungszeit:
1 Std. 30 Min.
Pro Portion: 1 270 kcal,
25 g E, 65 g F, 146 g KH

— *Süße Heimatküche* —

Für den Dampfnudelteig
150 g Butter
250 ml Milch
40 g frische Hefe
100 g Zucker
2 Eigelb
500 g Mehl
1 Prise Salz

Zum Garen der Dampfnudeln
ca. ½ Milch
1 TL Zucker

Für die Äpfel
2 säuerliche Äpfel (z. B. Boskop)
20 g Butterschmalz
2 EL Zucker
1 Msp. Zimtpulver

Für die Vanillesauce
200 g Sahne
20 g Zucker
1 Vanilleschote
3 Eigelb

1 Für die Dampfnudeln die Butter in einem Topf schmelzen. Die Milch lauwarm erwärmen. Ca. 50 ml Milch abnehmen und in eine kleine Schüssel geben, die Hefe dazugeben und darin auflösen. Zucker und Eigelbe schaumig rühren, Butter und übrige Milch dazugeben und verquirlen.

2 Das Mehl in eine große Schüssel geben, 1 Prise Salz untermischen, die Eigelbmischung und die aufgelöste Hefe dazugeben. Alles ca. 5 Min. zu einem glatten Teig verkneten. Den Teig zugedeckt an einem warmen Ort ca. 30 Min. ruhen lassen, bis er sein Volumen fast verdoppelt hat.

3 Den Teig in acht gleich große Portionen teilen und diese auf einer glatten Arbeitsplatte mit der Handinnenseite zu Kugeln formen. Die Teigkugeln mit einem Geschirrtuch bedecken und weitere 10 Min. gehen lassen.

4 In einen breiten, hochwandigen Topf (mit passendem Deckel) ca. 1 cm hoch Milch gießen und Zucker dazugeben. Die Teigkugeln mit jeweils etwas Abstand zueinander einlegen. Den Deckel auflegen. Ggf. die Teigkugeln in zwei Töpfen zubereiten. Den Topf auf den Herd stellen, sanft erhitzen und die Dampfnudeln zugedeckt ca. 25 Min. bei mittlerer Hitze garen. Deckel während der Garzeit nicht öffnen.

5 Inzwischen die Äpfel waschen, vierteln und die Kerngehäuse entfernen. Die Viertel klein würfeln. Das Butterschmalz in einem Topf schmelzen, die Apfelwürfel mit dem Zucker darin ca. 5 Min. bei mittlerer Hitze schmoren. Den Topf vom Herd ziehen. Den Zimt untermischen.

6 Für die Vanillesauce die Sahne mit dem Zucker in einen Topf geben. Die Vanilleschote der Länge nach aufschneiden, das Mark herausstreichen und mit der Schote in den Topf geben. Die Sahne aufkochen. Dann die Hitze reduzieren. Die Vanilleschote aus dem Topf nehmen. Die Eigelbe kurz verquirlen und unter Rühren in die heiße Sahne geben. Die Sauce schaumig aufschlagen und andicken lassen.

7 Zum Servieren die gegarten Dampfnudeln mit der Vanillesauce und den geschmorten Äpfeln anrichten.

GEFÜLLTE WALNUSS-CRÊPES MIT BIRNEN UND RADICCHIO

Für 4 Portionen
Zubereitungszeit: 1 Std.
Pro Portion: 795 kcal,
64 g KH, 17 g E, 53 g F

— *Fruchtig-aromatisch* —

Für die Crêpes
50 g Butter
2 Zweige Thymian
1 kleine Knoblauchzehe
50 g Walnusskerne
250 g Dinkelmehl (Type 1 050)
½ Päckchen Weinsteinbackpulver
Salz
Pfeffer
400 ml Milch

Für die Käsesauce
50 g Blauschimmelkäse, z. B. Roquefort
70 ml Aceto balsamico bianco
50 ml Gemüsebrühe
50 ml Rapsöl
Salz
Pfeffer
1 Prise Zucker

Für Birnen und Radicchio
2 feste Birnen
2 EL Honig
1 EL Butter
2 Radicchio

1 Für die Crêpes die Butter in einem Topf schmelzen. Den Thymian abbrausen, trocken schütteln und die Blättchen abstreifen. Den Knoblauch schälen und sehr fein schneiden. Die Walnusskerne hacken.

2 Dinkelmehl, Backpulver, je 1 Prise Salz und Pfeffer, Walnüsse, Thymianblättchen, Knoblauch, Milch und die flüssige Butter miteinander verrühren, bis ein relativ flüssiger Teig entsteht.

3 Eine beschichtete Pfanne vorheizen. Darin nach und nach aus dem Teig, ohne extra Fettzugabe, dünne Crêpes ausbacken (s. Tipp).

4 Für die Sauce den Blauschimmelkäse etwas zerbröckeln und in eine Schüssel geben. Balsamico, Gemüsebrühe und Rapsöl dazugeben und verrühren, bis eine geschmeidige Sauce entsteht. Die Käsesauce mit Salz, Pfeffer und Zucker abschmecken und warm halten.

5 Für die Füllung die Birnen waschen, schälen und vierteln, die Kerngehäuse entfernen. Die Viertel in Spalten schneiden. Den Honig in einer Pfanne erhitzen, die Birnenspalten dazugeben und gut durchschwenken. Zum Schluss die Butter dazugeben und unterrühren.

6 Den Radicchio putzen und waschen. Die Blätter trocken schleudern oder gut abtropfen lassen und in dünne Streifen schneiden.

7 Zum Servieren die gebackenen Crêpes jeweils mit den warmen Birnen und den Radicchiostreifen belegen, etwas Käsesauce darübergeben und die Crêpes aufrollen oder einfach nur zusammenklappen.

MEIN TIPP: *Nicht aufgeben, wenn der erste Crêpe misslingt! Das kann passieren. Ab dem zweiten klappt's dann! Wenn Sie keine beschichtete Pfanne haben, geben Sie beim Backen der Pfannkuchen jeweils etwas Öl dazu.*

KÖCHINNEN UND KÖCHE UND IHRE REZEPTE

Wir danken allen Köchinnen und Köchen für ihre tollen Rezepte.

ALI GÜNGÖRMÜS

ANDREAS SCHWEIGER

CHRISTIAN HENZE

CYNTHIA BARCOMI

FRANZISKA SCHWEIGER

JACQUELINE AMIRFALLAH

JÖRG SACKMANN

KAREN HEGAR

MARTIN GEHRLEIN

MICHAEL KEMPF

OTTO KOCH

RAINER KLUTSCH

SÖREN ANDERS

SYBILLE SCHÖNBERGER

TARIK ROSE

VINCENT KLINK

REGISTER

APPETIT AUF MEHR?

ISBN 978-3-8338-7099-6

ISBN 978-3-8338-7102-3

ISBN 978-3-8338-7235-8

ISBN 978-3-8338-7338-6

ISBN 978-3-8338-7222-8

ISBN 978-3-8338-7317-1

e Auch als eBook erhältlich.

GU

Mehr von GU auf **www.gu.de** und **facebook.com/gu.verlag**

IMPRESSUM

Buch zur Fernsehproduktion ARD-Buffet des SWR in Zusammenarbeit mit der SWR Media Services GmbH
Redaktion ARD-Buffet: Claus Kober, Monika Hahn, Susanne Schey
Projektleitung: Linh Nguyen
Texte: Vincent Klink, Sybille Schönberger
Lektorat und Texte »Schon gewusst?«: Susanne Bodensteiner
Korrektorat: Waltraud Schmidt
Gesamtgestaltung: independent Medien-Design, München: Horst Moser (Artdirection)
Herstellung: Susanne Fuhrmann
Satz: Longo AG, Bozen
Reproduktion: Longo AG, Bozen
Druck: aprinta GmbH, Wemding
Bindung: Conzella, Pfarrkirchen
Syndication:
www.seasons.agency
Printed in Germany
1. Auflage 2021
ISBN: 978-3-8338-7955-5

BILDNACHWEIS

SWR/Simon Möschle: S. 6 (unten), S. 7 (oben links und unten)
SWR/Peter A. Schmidt S. 6 (oben), S. 7 (oben rechts)
Wolfgang Schardt: alle anderen Fotos

DIE SENDUNG

ARD-Buffet ist eine der beliebtesten und erfolgreichsten Ratgebersendungen Deutschlands. Seit 1998 wird hier an jedem Werktag mit namhaften Köchinnen und Köchen im Studio in Baden-Baden live gekocht. In diesem Buch präsentieren Sternekoch **Vincent Klink** und seine kreative Kollegin **Sybille Schönberger** die besten Rezepte aus der Sendung rund um das Thema »regionale Genüsse«.

DER FOTOGRAF

Wolfgang Schardt kann seine Liebe für Essen und Trinken beruflich ausleben: In seinem Studio in Hamburg fotografiert er vor allem Food, Stills und Interieur für Magazine, Verlage und Werbung. Sein Team bei diesem Buch: **Adam Koor** und **Petra Speckmann** (Foodstyling) und **Janet Hesse** (Assistenz).
www.wolfgangschardt.com.

BACKOFENHINWEIS

Die Backzeiten können je nach Herd variieren. Die Temperaturangaben in unseren Rezepten beziehen sich auf das Backen im Elektroherd mit Ober- und Unterhitze und können bei Gasherden oder Backen mit Umluft abweichen. Details entnehmen Sie bitte Ihrer Gebrauchsanweisung.

www.facebook.com/gu.verlag

GRÄFE UND UNZER

Ein Unternehmen der
GANSKE VERLAGSGRUPPE

QUALITÄTS G|U GARANTIE

LIEBE LESERINNEN UND LESER,

wir wollen Ihnen mit diesem Buch Informationen und Anregungen geben, um Ihnen das Leben zu erleichtern oder Sie zu inspirieren, Neues auszuprobieren. Wir achten bei der Erstellung unserer Bücher auf Aktualität und stellen höchste Ansprüche an Inhalt und Gestaltung. Alle Anleitungen und Rezepte werden von unseren Autoren, jeweils Experten auf ihren Gebieten, gewissenhaft erstellt und von unseren Redakteuren/innen mit größter Sorgfalt ausgewählt und geprüft.

Haben wir Ihre Erwartungen erfüllt? Sind Sie mit diesem Buch und seinen Inhalten zufrieden? Wir freuen uns auf Ihre Rückmeldung. Und wir freuen uns, wenn Sie diesen Titel weiterempfehlen, in Ihrem Freundeskreis oder bei Ihrem online-Kauf.

Sollten wir Ihre Erwartungen so gar nicht erfüllt haben, tauschen wir Ihnen Ihr Buch jederzeit gegen ein gleichwertiges zum gleichen oder ähnlichen Thema um.

KONTAKT ZUM LESERSERVICE

GRÄFE UND UNZER VERLAG
Grillparzerstraße 12
81675 München
www.gu.de